Ernst Ott

Optimales Denken

Trainingsprogramm

Rowohlt

Layout, Grafik, Composersatz Ewald Klingeis
Umschlagentwurf Kurt Heger

82.–86. Tausend September 1986

Veröffentlicht im Rowohlt Taschenbuch Verlag GmbH,
Reinbek bei Hamburg, Dezember 1973
Copyright © 1971 Deutsche Verlags-Anstalt, Stuttgart
Gesamtherstellung Clausen & Bosse, Leck
Printed in Germany
880-ISBN 3 499 16836 7

Eine wichtige Vorbetrachtung

Probleme sind Hindernisse auf dem Weg zum Ziel

Wer einen Apfel essen möchte und einen eigenen Apfelbaum vor sich hat, dessen Äste in leicht erreichbarer Höhe reife Äpfel tragen, der hat in diesem Zusammenhang keine Probleme. Er pflückt einen Apfel und hat somit sein Ziel erreicht. Hängen aber die Äpfel so hoch, daß sie nicht ohne weiteres erreichbar sind, dann beginnen die Probleme. Das Ziel kann nicht ohne Schwierigkeiten erreicht werden: Es steht ein Hindernis im Wege.

Verhalten in Problemsituationen

Wie kann er sich in dieser Situation verhalten?
Er kann auf den Apfel verzichten, wenn sein Bedürfnis, einen zu essen, nicht besonders stark ist oder wenn er aus Erfahrung weiß, daß er einer solchen Situation nicht gewachsen ist, er sich es also nicht zutraut, einen Apfel von einem hohen Baum zu holen.
Er kann aber auch anfangen zu probieren, das heißt planlos irgendwelche Mittel und Methoden einzusetzen, um sein Ziel zu erreichen. Er schüttelt und stellt fest, daß der Stamm viel zu dick ist, um ihn in Bewegung zu versetzen. Er wirft mit Steinen nach dem Apfel und stellt fest, daß er dazu viel zu ungeübt ist. Er ergreift eine Stange und versucht, einen Apfel wegzustoßen; die Stange erweist sich als zu kurz.
Viele Versuche, viele Fehlschläge, vielleicht — nach langem Bemühen — ein Zufallserfolg.

Eine Denkstrategie wird entwickelt

Er kann aber auch folgendermaßen verfahren. Er setzt sich hin und überdenkt die Situation. Er erkennt, daß das Hindernis, das sich ihm bei der Erreichung seines Zieles in den Weg stellt, die Entfernung zum Apfel ist und daß es nun darum geht, diese Entfernung zu überwinden. Er wird prüfen, ob er schon einmal in einer ähnlichen Situation war und mit welchen Mitteln und Methoden er damals das Hindernis überwand und so sein Ziel erreichte. Er versucht, Erfahrungen nutzbar zu machen, also Gelerntes anzuwenden.
Wenn er einschlägige Lernergebnisse bei der Problemlösung nicht oder nur teilweise einsetzen kann, wird er die ihm zur Verfügung stehenden Mittel und Methoden gedanklich auf ihre Fähigkeit prüfen, ob und wie sie ihm helfen können, seine Aufgabe zu erfüllen. Einige wird er von vornherein als ungeeignet ausschließen, zum Beispiel den Stein, wenn er aus Erfahrung weiß, daß er ein schlechter Werfer ist. So reduziert er die Mittel und Methoden auf diejenigen, die als geeignet erscheinen. Er über-

legt dann, wie welches Mittel am besten einsetzbar ist und unternimmt dann den ersten „durchdachten" Versuch.

Seine gedanklichen Vorbereitungen waren optimal, wenn er gleich sein Problem löst, wenn also der Apfel fällt. Meist gelingt es jedoch nicht, ein Problem auf die durchdachte Weise zu lösen. Jetzt gilt es herauszufinden, warum es nicht gelungen ist. Der mißglückte Versuch wird also analysiert und eine verbesserte Mittel-Methoden-Kombination erdacht. Auch mit ihr wird nun versucht, das Problem zu lösen. In unserem vereinfachten Fall ist das Ergebnis des Denkens, die Problemlösung, leicht feststellbar. Unser Freund wird nun mit Genuß den Apfel verspeisen und vielleicht überlegen, wie er noch schneller, noch einfacher, kurz noch besser sein Ziel hätte erreichen können, wie er sein Problem optimal gelöst hätte.

Zusammenfassung

Wie ist er vorgegangen? Er hat zunächst einmal die Schwierigkeit erkannt, die sich seinem Ziel entgegenstellte — er hat Problemsensibilität bewiesen —, hat dann nachgedacht, wie man die Schwierigkeit beseitigen könnte, hat sich einen Plan zurechtgelegt und hat danach gehandelt, das heißt die für die Erreichung des Ziels erforderlichen Mittel und Methoden eingesetzt.

Eine Definition des Denkens

Wir erkennen daraus, daß Denken ein geistiges Tun ist, das auf ein Ziel — ein vorgegebenes oder selbstgewähltes — gerichtet ist und dann einsetzt, wenn sich auf dem Weg zum Ziel ein Hindernis in den Weg stellt. Solche Ziele können sein, „die Befriedigung einer Leidenschaft, die Erfüllung eines Wunsches, die Ausführung einer Pflicht, die Erledigung eines Auftrages, die Lösung einer Aufgabe".[4]* Und unser Leben ist eine ununterbrochene Folge von solchen Aufgaben. Immer wieder stoßen wir bei der Erledigung von Aufträgen, der Erfüllung von Wünschen, dem Lösen von Aufgaben aufgrund unserer Unzulänglichkeiten auf Schwierigkeiten, und wir müssen lernen, sie durch Denken zu lösen. Es geht also um die Frage, wie läßt sich das erledigen, erreichen, lösen; es geht um Erkenntnisse zum Zwecke des Problemlösens. Denken ist also nicht Selbstzweck, es „ist eine psychische Funktion — nicht mehr; aber eine Funktion von höchster Leistungsfähigkeit. Auch wenn es zu großen Erkenntnissen führt, ist es nur ein Diener, der die Aufträge des Erkenntnisdranges befolgt".[4]

Denken und Gedächtnis

Die durch Denkleistungen gewonnenen Erkenntnisse werden im Gedächtnis relativ leicht aufbewahrt — denn Wissen, das in einem Sinnzusammen-

---

* Hochziffern verweisen auf das Literaturverzeichnis am Schluß dieses Buches.

hang (Warum ist das so? In welcher Beziehung steht es zu . . .?) erworben wurde, prägt sich leichter ein als zum Beispiel Fakten, die zusammenhanglos gelernt wurden. Auf den Vorrat dieser Erkenntnisse kann dann zurückgegriffen werden, wenn man sich in einer Situation befindet, die der ähnlich ist, in der diese Problemlösungserkenntnisse bereits zu guten Ergebnissen führten.

Reproduktives und produktives Denken

Wer beim Problemelösen auf einen Schatz von bewährten Erkenntnissen zurückgreift, denkt reproduktiv. Wer durch Denkleistung zu Erkenntnissen kommt, die zur Bewältigung neuer — auch wenn nur für ihn neuer — Problemsituationen führt, denkt produktiv. Denkprozesse sind aber nie nur rein produktiv; immer wieder greift der Denkende auf Erfahrungen zurück, setzt also reproduktives Denken mit ein.

Dies setzt ein gutes Gedächtnis voraus, denn nur so bleiben die erfahrenen, die erlernten Erkenntnisse verfügbar. Im Laufe unseres Lebens müssen wir laufend neue Kenntnisse, neue Erkenntnisse erwerben. Die Erstausstattung, die wir mit in dieses Leben gebracht haben, reicht weder im körperlichen noch im geistigen Bereich aus, um aus eigener Kraft zu überleben. Wir sind lange Zeit auf Helfer angewiesen, und wir müssen all das lernen, was uns fehlt, in die Umwelt hineinzuwachsen (essen, trinken, greifen, gehen), sich einzuordnen (sprechen, Rücksicht nehmen, Grenzen respektieren) und sich mit ihr auseinanderzusetzen (vergleichen, urteilen, denken).

Da sich unsere Umweltbedingungen ständig in immer schnellerer Folge ändern, sind wir dauernd herausgefordert, uns den Änderungen anzupassen und durch produktives Denken verbessernde Änderungen voranzutreiben, und dies ein Leben lang!

Ein wichtiger Zusammenhang

Erkennen wir daraus folgendes unabdingbare — bewußt vereinfacht dargestellte — Zusammenwirken: Aus der ständigen Auseinandersetzung mit unserer Umwelt (den Menschen, den Dingen, den Vorgängen) lernen wir Fakten (Werte, Begriffe, Zahlen usw.) und Einsichten (So ist das also! So geht das also!), die wir wiederum zur besseren Umwelterfüllung brauchen. Dieses Wissen muß im Gedächtnis aufbewahrt werden und von dort ständig abrufbar sein, damit es sowohl beim weiteren Lernen als auch in ähnlichen Situationen als bewährtes Mittel zur Bemeisterung eingesetzt werden kann (reproduktives Denken). Vernünftiges Verhalten in neuen Situationen kann jedoch nicht ausschließlich dadurch erzielt werden, daß bewährte Ablaufmuster und Denkschemen eingesetzt werden; vielmehr müssen neue Ideen hinsichtlich des Einsatzes und der Kombination von Mitteln und Methoden produziert werden. ,,Beim produktiven Denken handelt es sich um neue Schlußfolgerungen, bei denen reproduzierbares

Wissen benutzt wird, aber auf dem Wege über Assoziationen und Einfälle beschreitet der Denkende neue Wege und verwendet neue Denkmethoden".[2]

Eine Definition der Intelligenz

Diese Fähigkeit, sich in neuen Situationen denkend zurechtzufinden, heißt Intelligenz. Rohracher schreibt: „Intelligenz ist der Leistungsgrad der psychischen Funktionen bei ihrem Zusammenwirken in der Bewältigung neuer Situationen".[4] Da Lernen, vor allem einsichtsförderndes Lernen, ein „Bewältigen einer neuen Situation" ist, gilt die Fähigkeit zu lernen und „die Fähigkeit, bisherige Erfahrung zu verwerten" (nach Edward Thorndike, zitiert aus Bühler[1]), als intelligente Leistung. So schließt sich der Kreis, den wir uns noch einmal graphisch vergegenwärtigen wollen:

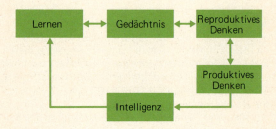

Die Einteilungskriterien

In Anlehnung an das von A. O. Jäger[3] dargestellte „hierarchische Strukturmodell der Intelligenzfaktoren"[5] werden die folgenden Faktoren als Einteilungskriterien für die Übungen dieses Buches verwendet:
- Konzentration
- Konzentration und Tempomotivation
- Konzentriertes Lesen
- Anschauungsgebundenes Denken
- Analogieschlüsse
- Zahlengebundenes Denken
- Wortgebundenes Denken
- Logisch-analytisches Denken

Die entsprechend formulierten Überschriften geben dabei denjenigen Faktor an, der bei der betreffenden Aufgabe primär geübt wird. Dabei werden immer auch noch andere Funktionen des Denkens mitgeübt. Es ist weder möglich noch wünschenswert, Faktoren isoliert zu betrachten.

Denkvorbereitende Faktoren

Neben diesen spielen beim Denken noch eine Reihe vorbereitender Faktoren eine Rolle. Hier seien vor allem das Wahrnehmungsvermögen, die Beobachtungsgabe, die Vorstellungskraft und die Motivation erwähnt. Die Aufgaben sind so gewählt, daß diese Faktoren ständig mitgeübt werden.

Der Stufenaufbau motiviert zum lustvollen Arbeiten

Vor allem die Motivation, jene Schubkraft, die zum freudigen und damit erfolgversprechenden Tun veranlaßt, muß geweckt, gestärkt und erhalten werden. Dies soll mit durch den Stufenaufbau dieses Arbeitsbuches erreicht werden. Auf jeder Seite zeigt Ihnen dieses Symbol ☰ auf welcher der zehn Stufen Sie sich befinden. Die Stufen sind nach dem bewährten methodischen Grundsatz „Vom Einfachen zum Schwierigen" aufgebaut, so daß das Erfolgsgefühl aus der guten Lösung einer Aufgabe aus einer niedrigen Stufe dazu motiviert, die schwierigere der nächsten Stufe lustbetont zu akzeptieren.

Knappe Hinführungen sollen das produktive Denken aktivieren

Die Hinführung zu den Aufgaben ist auf das Notwendigste beschränkt worden, um nicht die Chance zu verbauen, selbst das Problem zu erkennen und Wege zu seiner Lösung zu entdecken. Die Chance zum produktiven Denken also.
Von jedem Aufgabentyp wird bewußt jeweils eine Serie mit steigendem Anforderungsgrad dargeboten, damit die vornehmlich durch produktives Denken erzielten Ergebnisse der Vorstufe als reproduktives Denken die Basis für die nächsthöhere Stufe sein können, auf der dann neues produktives Denken aufbaut. So führt eine ständige Folge des Nehmens und Gebens bis zur obersten Stufe.

Die Denkstrategie wird verfeinert

Schon im Einführungsbeispiel wurde eine Denkstrategie dargestellt.
Unser Freund wollte einen Apfel haben. Das war sein Ziel. Sein Ziel war nicht etwa, einen Apfel zu pflücken oder zu schütteln. Diese verengte Zielsetzung hätte eine Reihe von Lösungswegen ausgeschlossen. Er wollte ihn also in irgendeiner Weise erreichen. Er hat die Situation erfaßt („So ist also die Lage"), das Problem erkannt („Hier liegt also die Schwierigkeit") und hat aufbauend auf bekannte Verhaltensweisen („Das hat sich in einer ähnlichen Situation bewährt, das nicht") eine geeignete Mittel-Methoden-Kombination (zum Beispiel auf den Stuhl steigen und mit einer Stange den Apfel vom Ast stoßen) zur Lösung seines Problems, zur Beseitigung des Hindernisses und damit zur Erreichung des Zieles er-

dacht. Er hat nicht gedankenlos gehandelt, sondern eine Strategie entwickelt. Je schwieriger eine Aufgabe ist, desto mehr muß gedacht werden, um sie zu lösen.

Aus Fehlern lernen

Natürlich wird bei komplexeren Aufgaben die Lösung nicht gleich nach dem ersten gedanklichen Konzept gelingen. Fehlschläge sind jedoch von Nutzen, wenn die Fehler gesucht werden und aus ihnen gelernt wird.

Eine positive Haltung zu Problemen wird entwickelt

Das Leben bietet laufend problembeladene Situationen. Der geübte, erfolggewohnte Problemlöser hat eine positive Einstellung zu solchen Situationen, er geht sie mutig an („Probleme sind dazu da, gelöst zu werden"). Der ungeübte und damit erfolglose Denker geht solchen Situationen aus dem Weg. Er hat keine Einstellung dazu. Er fühlt sich ihnen nicht gewachsen und fürchtet sich vor dem Fehlschlag, aus dem er ja auch nicht gelernt hat zu lernen.

So sollten Sie vorgehen

Dieses Buch möchte dazu beitragen, das Denken zu üben und es zu verbessern. Es bietet dazu viele Aufgaben, jedoch nur solche, die ohne Kenntnisse der mathematischen Logik und der Aussagenlogik gelöst werden können. Betrachten wir dazu ein beliebiges Beispiel. Unter den vier Begriffen:
Nachricht a), Rundfunk b), Meldung c), Botschaft d) befindet sich ein Außenseiter. Welcher ist es?
Wenn ein Außenseiter dazwischen stecken soll, müssen drei Begriffe etwas gemeinsam haben (Die Aufgabe – Situation – wurde erfaßt). Um das herauszufinden, muß zunächst der Sinngehalt der Begriffe analysiert („Was drücken sie aus?") und dann durch Abstraktion (Weglassen von Unwesentlichem) das Gemeinsame herausgearbeitet werden. Die Begriffe Nachricht, Meldung und Botschaft haben gemeinsam, eine Mitteilung zu sein; sie sind durch diese Gemeinsamkeit miteinander verbunden; oder: sie werden von dem gemeinsamen Oberbegriff ‚Mitteilung' erfaßt. Der Begriff ‚Rundfunk' paßt nicht in diese Gemeinschaft – er ist ja ein Mittel, das Mitteilungen verbreitet –, er ist also der Außenseiter.
Beobachten Sie sich bitte selbst! Ihr Gehirn hat wahrscheinlich dieses Beispiel bereits abgewandelt, den Bereich der gemeinsamen Begriffe erweitert, Außenseiter gesucht oder ein ähnliches Beispiel konstruiert. Assoziationen wurden wirksam, das heißt, ähnliche Gedanken wurden geweckt. Jede Denkleistung gebiert neue Gedanken. Das Rad, einmal in Schwung gesetzt, führt uns in neue Welten. Doch zurück: Wir kamen zu der Schlußfolgerung, b) ist der Außenseiter. Denker sind kritisch. Stimmt

diese Schlußfolgerung auch? Sie wird überprüft, zum Beispiel anhand des Erfahrungsschatzes, durch Vergleich mit den Ergebnissen ähnlicher Aufgaben, durch Ausprobieren, durch Erreichen des gesetzten Zieles, durch Bestätigung anderer oder durch einen Blick in die Lösung. Nun kann das abschließende Urteil gefällt werden: b) ist der Außenseiter. Die Schlußfolgerung war richtig. Es wurde folgerichtig — logisch — gedacht.

Ausführliche Lösungen mit methodischen Hilfen

Die Lösungen wurden ausführlich gestaltet. Bei schwierigen Aufgaben enthalten sie auch methodische Hilfen. Besonders beim wortgebundenen Denken und bei den Analogieschlüssen sind manchmal mehrere Lösungsmöglichkeiten denkbar. Bitte schlagen Sie aber grundsätzlich erst dann die Lösung auf, wenn Sie schon ein Urteil gefällt haben. Die Lösungen werden auch Fehler enthalten, verursacht durch meine Unzulänglichkeit oder durch den Druckfehlerteufel. Für beides möchte ich mich entschuldigen.

Nur bewährte Aufgaben werden gestellt

Sie wollen nun an die Arbeit — an die Denkarbeit — gehen. Die Aufgaben, die Sie lösen werden, wurden aus solchen ausgewählt, die in den vergangenen Jahren verschiedenen Zielgruppen (Schülern, Studenten, Teilnehmern an Erwachsenenbildungsseminaren und Managerkursen) gestellt wurden und die sich als besonders geeignet erwiesen haben, unser Ziel zu erreichen, nämlich optimal denken zu lernen.

All jenen, die mitgewirkt haben, durch ihren Rat, ihre Kritik, ihre Beiträge, danke ich herzlich.

Ihnen, lieber Leser, wünsche ich ein lustbetontes Studium.

Ernst Ott

1

Konzentration und Tempomotivation

Stellen Sie bitte fest, wieviele von den verschiedenen Symbolen vorhanden sind. Dabei ist zu beachten, daß die farbigen Symbole doppelt zählen. Bitte lösen Sie diese Aufgabe möglichst schnell.
Richtzeit 90 Sekunden
Diese Richtzeit kann nur eingehalten werden, wenn Sie ökonomisch arbeiten. Denken Sie zunächst darüber nach, wie Sie vorgehen sollten.

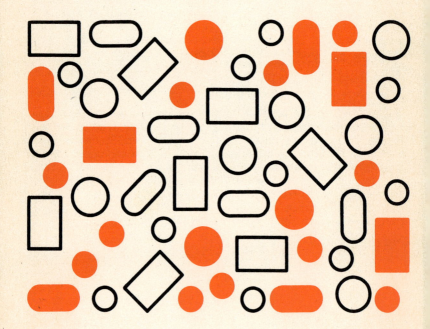

Lösung

2

Wortgebundenes Denken

Bei dem folgenden Aufgabentyp ist neben die drei gegebenen Begriffe ein treffender Oberbegriff zu setzen.
Der Oberbegriff "Bäume" für die Begriffe "Föhre, Fichte, Tanne" wäre nicht treffend genug. Sein Begriffsinhalt ist zu klein, sein Begriffsumfang daher zu groß. Wenn wir den Begriff "Bäume" um den Begriff "Nadel" erweitern, seinen Begriffsinhalt also vergrößern, dann wird der vom neuen Oberbegriff "Nadelbäume" erfaßte Umfang stark verkleinert. Alle Laubbäume fallen heraus. Der Oberbegriff wird treffender. Wir könnten nun theoretisch den Begriffsinhalt noch weiter — zum Beispiel in europäische Nadelbäume — vergrößern. Das würde den Begriffsumfang noch weiter schrumpfen lassen.
Achten Sie also darauf, den Begriffsinhalt des Oberbegriffes so zu wählen, daß er für die gegebenen Begriffe "treffend" wird.

Begriffe	Oberbegriff
1. Vater, Mutter, Kind	
2. Birke, Buche, Eiche	
3. Lärche, Tanne, Fichte	
4. Tisch, Stuhl, Schrank	
5. Ski, Schlitten, Bob	
6. Wasser, Milch, Saft	
7. Wasser, Salzsäure, Wein	
8. Weizen, Roggen, Gerste	
9. Bleistift, Füller, Kreide	
10. Kasper, Hexe, Schneewittchen	

3

Zahlengebundenes Denken

Bei diesen Aufgaben ist zunächst eine Reihe von Zahlen gegeben. Jeder Reihe liegt ein bestimmter Rhythmus zugrunde. Diesen gilt es zu finden und dann die Reihe dem Rhythmus entsprechend fortzusetzen. Einige Beispiele sollen das verdeutlichen:

+2 +2 +2 +2 +2
3 5 7 9 11 13 __15__ __17__ __19__

Hier erkennen wir, daß die folgende Zahl immer um 2 größer ist als die vorhergehende. Der Rhythmus dieser Reihe lautet also +2.

·2 −1 ·3 −1 ·2 −1 ·3
2 4 3 9 8 16 15 45 __44__ __88__ __87__

Auch hier ist der Rhythmus noch leicht zu erkennen. Er lautet: ·2 −1 ·3 −1 ·2 −1 ·3 ...

4 9 8 8 12 7 16 ___ ___ ___

Es erscheint zunächst unmöglich, in dieser Reihe einen bestimmten Rhythmus zu finden. Das Rätsel löst sich aber sehr schnell, wenn wir aufhören, in starren Denkgeleisen zu denken, wenn wir uns von dem Gedanken lösen, daß einer Reihe nur ein Rhythmus zugrunde liegen kann. Jetzt bitte noch einmal nachdenken. Die Lösung und Erklärung finden Sie im Lösungsteil.

1. 2 4 6 8 ___ ___ ___
2. 14 12 10 8 ___ ___ ___
3. 3 4 6 7 9 ___ ___ ___
4. 4 6 5 7 6 ___ ___ ___
5. 2 4 6 5 7 9 8 ___ ___ ___
6. 1 2 4 7 ___ ___ ___
7. 1 1 2 2 4 4 ___ ___ ___

4

Konzentration und Tempomotivation

Die Zahlen in den mit 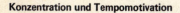 direkt
verbundenen Kreisen sind zu addieren.
Ihre Summe ist a) _____
Ebenso sind die Zahlen in den mit
━ ━ ━ direkt verbundenen Rauten
zu addieren.
Ihre Summe ist b) _____
Jede Zahl ist dabei nur einmal zu addieren.

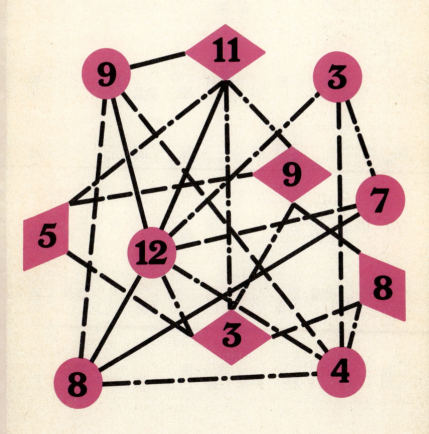

5

Konzentration und Tempomotivation

In der oberen Reihe können Sie sehen, daß jedem Symbol eine bestimmte Ziffer zugeordnet ist. Bitte tragen Sie in den folgenden Reihen die Ziffern entsprechend ein.
Richtzeit 150 Sekunden

Diese Zeit können Sie nur dann erreichen, wenn Sie rationell arbeiten. Denken Sie daher vorher nach, wie Sie vorgehen sollten.

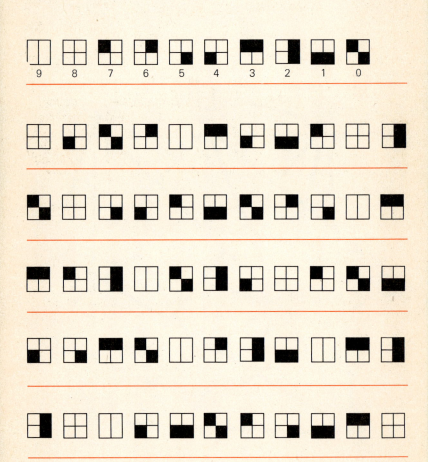

6

Konzentration

Bei den folgenden Darstellungen sind manche paarweise gleich. Welche sind es?

7

Wortgebundenes Denken

In die Zwischenräume ist jeweils ein Wort einzusetzen, das sowohl mit dem vorhergehenden als auch mit dem nachfolgenden ein neues Wort bildet. Ein Beispiel finden Sie unten. Das Wort "Nadel" ergibt zusammen mit dem Wort "Strick" das neue Wort "Stricknadel" und zusammen mit dem Wort "Baum" das neue Wort "Nadelbaum".

1. Strick	Nadel	Baum
2. Ober		Werk
3. Dank		Schaft
4. Hotel		Zimmer
5. Kern		Werk

6. Vogel		Staat
7. Wert		Brett
8. Spring		Fest
9. Berg		Tor
10. Lagen		Lauf

8

Konzentration

Im oberen Teil finden Sie eine Anzahl schwarz-weißer Streifen, die durch Lücken unterbrochen sind. Diese Lücken können durch die im unteren Feld dargestellten Teilstücke gefüllt werden. In die Kreise sind die Buchstaben derjenigen Teilstücke einzusetzen, welche die Lücke füllen. Die Länge der Teilstücke ist dabei unerheblich. Wichtig allein ist, daß die seitlichen Anschlüsse genau passen. Einzelne Teilstücke können natürlich mehrere Male zum Ausfüllen von Lücken verwendet werden.
Richtzeit 3,5 Minuten

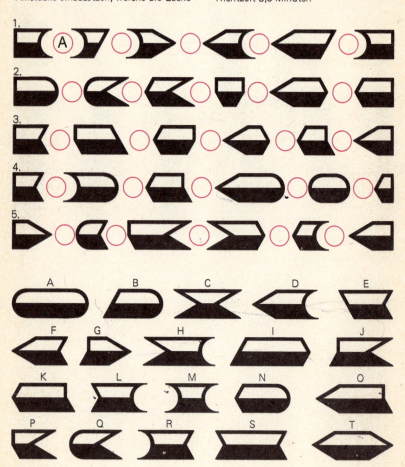

9

Anschauungsgebundenes Denken

Die Ausgangsfigur im oberen Feld läßt sich aus drei der vier mit a) – d) bezeichneten Teilstücke zusammensetzen. Bitte notieren Sie die Buchstaben derjenigen Teilstücke, die das vorgegebene Ganze ergeben.

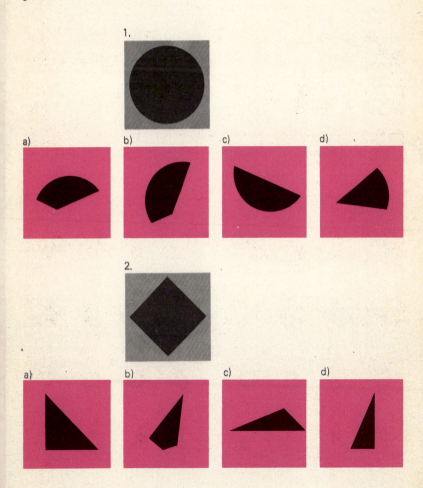

10

Logisch-analytisches Denken

Jede der Aufgaben dieses Typs besteht aus zwei Reihen, der Problemreihe und der Lösungsreihe. Der Problemreihe liegt eine bestimmte Folge zugrunde. Sie muß zunächst erkannt werden. Diese Folge setzt sich in einem Feld der Lösungsreihe konsequent fort. Dieses Feld gilt es herauszufinden.
Betrachten wir das folgende Einführungsbeispiel:

Problemreihe

Lösungsreihe
a) b) c) d)

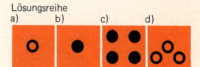

Wie lautet die Lösung? Ich glaube, wir sind uns einig: Die Lösung lautet b). Fest steht, daß das gesuchte Zeichen schwarz sein muß, denn es besteht in der Problemreihe ein Wechsel zwischen schwarz und weiß. a) und d) scheiden also aus. Neben dem Schwarz-Weiß-Wechsel sehen wir noch, daß jeder folgende Kasten einen Punkt weniger hat als der vorhergehende. Also scheidet auch c) aus. Die Folge der Problemreihe wird demnach mit dem Feld b) der Lösungsreihe konsequent fortgesetzt.

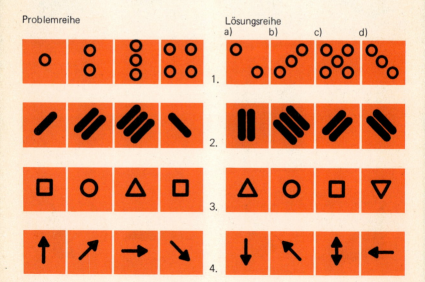

11

Anschauungsgebundenes Denken

Unten finden Sie jeweils eine recht sonderbar gestaltete Linie. Darunter drei Teilstücke, aus denen Sie diejenigen herausfinden sollten, die in der gegebenen Linie enthalten sind.
In unserem Beispiel sind es die Teilstücke b) und c).

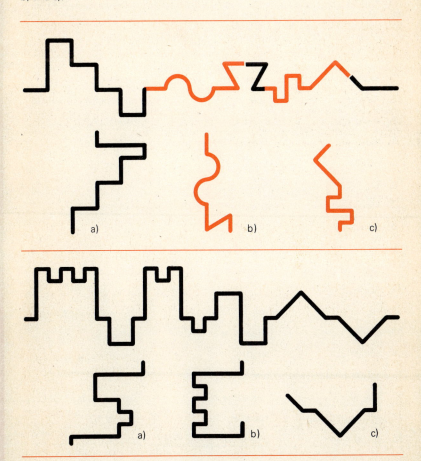

12

Konzentriertes Lesen

In jeder Zeile finden Sie ein unterstrichenes Bezugswort oder eine unterstrichene Bezugsaussage und zwei mit a) und b) numerierte Begriffe oder Aussagen.
Einer dieser Begriffe oder eine dieser Aussagen bezieht sich auf das unterstrichene Bezugswort.
Jede Zeile ist schnell und konzentriert zu lesen. Nur einmal, bitte! Ein Zurückgehen gibt es nicht! Jetzt wird der Buchstabe des Wortes notiert, das zum unterstrichenen Bezugswort paßt. Dieses wechselt ständig seinen Platz, wodurch die Aufgabe noch erschwert wird. Ein Beispiel soll das verdeutlichen:
<u>Er hat Angst</u> Zahnarzt a) Urlaubsreise b)

Für diese Zeile wird als Lösung a) vermerkt, denn zur Bezugsaussage "Er hat Angst" paßt doch nur der Begriff "Zahnarzt".
Richtzeit 70 Sekunden

1. <u>Spielzeug</u> a)   Gerät b)   Puppe
2. <u>Pullover</u>   es ist kalt a)   draußen ist es warm b)
3. er war böse a)   er war brav b)   <u>Belohnung</u>
4. mutig a)   <u>Held</u>   ängstlich b)
5. <u>Familie</u>   Eltern a)   Lehrer b)
6. <u>Tag</u>   Sonne a)   Mond b)
7. Medizin a)   <u>Krankheit</u>   Süßigkeit b)
8. Arbeiter a)   Schüler b)   <u>Lehrer</u>
9. bescheiden a)   anspruchsvoll b)   <u>er will nicht mehr haben</u>
10. <u>keine Verspätung</u>   warten a)   pünktlich b)
11. gelandet a)   <u>Flug geglückt</u>   abgestürzt b)
12. leer a)   voll b)   <u>Tausende von Menschen</u>
13. <u>Masche</u>   stricken a)   weben b)
14. höflich a)   <u>Gruß</u>   unhöflich b)
15. <u>auf der anderen Seite</u>   hier a)   dort b)
16. Sieg a)   Niederlage b)   <u>große Freude</u>
17. <u>er braucht Medizin</u>   krank a)   gesund b)
18. eilt a)   <u>bitte antworten Sie bald</u>   hat Zeit b)

13

Konzentration und Tempomotivation

Zählen Sie bitte die Symbole, die farbigen zählen doppelt.
Richtzeit 3 Minuten
Diese Richtzeit kann nur eingehalten werden, wenn Sie ökonomisch arbeiten.
Denken Sie zunächst darüber nach, wie Sie vorgehen sollten.

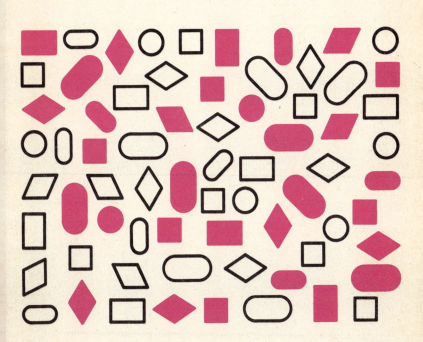

Lösung

14

Analogien

Bei diesen Aufgaben ist in der ersten Spalte immer ein Wortpaar gegeben. Suchen Sie bitte aus den drei folgenden Wortpaaren a), b) und c) dasjenige heraus, das zueinander in einer ähnlichen Beziehung steht wie das in der ersten Spalte gegebene.
Beispiel:
Uhr:Zeit = Metermaß:Länge

		a)	b)	c)
1.	Uhr : Zeit	Metermaß : Länge	Zeiger : Zifferblatt	Zug : Fahrplan
2.	Ganzes : Teil	Haus : Garten	Glied : Kette	Haus : Zimmer
3.	Mauer : Bausteine	Körner : Mehl	Satz : Wörter	Radio : Antenne
4.	Henne : Ei	Kuh : Milch	Blume : Garten	Baum : Blatt
5.	Not : Gabe	Geld : Ware	Unglück : Hilfe	Wasser : Blume
6.	Schule : Lehrer	Krankenhaus : Arzt	Tafel : Kreide	Schüler : Aufgabe
7.	Berg : Gebirge	Auto : Rad	Einzelner : Gruppe	Wald : Baum
8.	Ganzes : Teil	Haus : Dorf	Ziffern : Zeiger	Uhr : Zifferblatt
9.	Papier : Schere	Heft : Füllhalter	Holz : Säge	Nagel : Hammer
10.	wiegen : Gewicht	messen : Länge	heben : Last	zahlen : Preis
11.	Bett : liegen	Stuhl : sitzen	Traum : schlafen	Brot : essen
12.	Auto : fahren	Suppe : löffeln	Brot : essen	Pferd : reiten

15

Zahlengebundenes Denken

Hier gilt es wieder, die Zahlenreihen entsprechend ihrem Rhythmus fortzusetzen.
(→ Aufgabe 3)

(→ Aufgabe 3) bedeutet:
Beachten Sie bitte hierzu die einleitenden Ausführungen zu Aufgabe 3.

1.   2   4   3   6   5   10   ___   ___   ___
2.   7   3   9   5   11   7   13   ___   ___   ___
3.   2   1   3   2   4   3   5   4   6   ___   ___   ___
4.   1   2   2   4   3   6   4   8   ___   ___   ___
5.   4   8   12   7   19   6   25   5   ___   ___   ___
6.   1   4   0   0   -4   -16   -20   ___   ___   ___
7.   3   15   10   50   45   ___   ___   ___
8.   9   2   8   5   7   8   6   11   ___   ___   ___

16

Wortgebundenes Denken

Für jede Reihe ist ein Wort zu suchen, das mit dem ersten Wort vorne und mit dem zweiten Wort hinten ein neues Wort bildet.
(→ Aufgabe 7)

1.	Berg	Schaft
2.	Mal	Geist
3.	Nach	Fest
4.	Buch	Sucht
5.	Wein	Ader

6.	Glas	Scheibe
7.	Wert	Griff
8.	Schreib	Bruch
9.	Nieder	Zylinder
10.	Ball	Ball

17

Wortgebundenes Denken

Welcher Oberbegriff paßt zu den gegebenen Begriffen? (→ Aufgabe 2)

Begriffe	Oberbegriff
1. Hammer, Zange, Hobel	
2. Hemd, Hose, Rock	
3. Montag, Dienstag, Mittwoch	
4. Frühling, Sommer, Herbst	
5. Vormittag, Nachmittag, Abend	
6. Bier, Wein, Sekt	
7. Schaufel, Rechen, Harke	
8. Lotte, Susi, Margot	
9. Hut, Kappe, Mütze	
10. Banane, Orange, Dattel	

18

Konzentriertes Lesen

Bei den _____ des folgenden Typs gilt es _____ _____ zu füllen. Jeder _____ bedeutet dabei ein _____. Das _____ _____ findet man aber nur dann, wenn man konzentriert _____. _____ _____ ist notwendig, wenn man viel _____ _____ behalten möchte. _____ ist die wichtigste Kulturtechnik, denn die _____ Informationen, die als Bausteine beim Denken _____ _____, kommen über das _____ in unser Gehirn.

Lernen, was bedeutet das?

Ein _____ Reh wird geboren. Kaum ist es _____ _____ gekommen, erhebt es sich und macht _____ _____ _____. Es kann _____. Die Technik des _____ hat demnach unser kleines Reh nicht erlernt, sondern mit _____ _____ _____ gebracht. Natürlich wird diese _____ im Laufe seines _____ noch wesentlich _____. So lernt es mit der Zeit Gräben und Zäune _____ _____.
Aber das ändert nichts an der Tatsache, daß das _____ angeboren ist. Es ist ein Instinktverhalten, das nicht _____ _____ _____. So ist es im Tierreich. Verhaltensweisen müssen hier _____ _____ Teil nicht _____ _____, sie sind _____: Fische _____, Vögel _____, Affen _____ und Vierbeiner _____.
Anders ist es beim _____! Natürlich _____ _____ _____ eine bestimmte Erstausstattung mit auf _____ _____ _____. Er kann zum Beispiel schon saugen, weinen und strampeln. Alle anderen Verhaltensweisen muß er _____ _____! Wir können also das _____ im weitesten Sinne als das _____ von körperlichen und geistigen _____ _____ und Können definieren.

19

Konzentration

Rechts finden Sie eine Darstellung, die die Ausgangsposition für die folgende Aufgabe zeigt. Bitte prüfen Sie, welche der mit A-L bezeichneten Darstellungen durch Drehung aus der Ausgangssituation entstanden sein kann. Die Drehachse liegt dabei im Mittelpunkt der Figur.

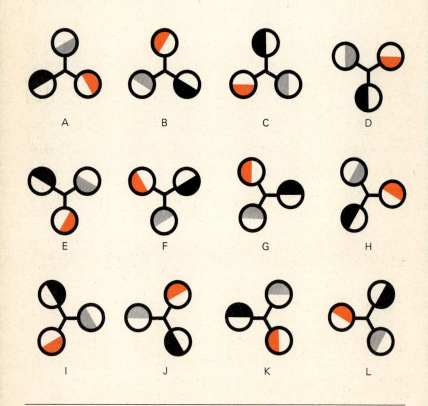

20

Konzentration

Ergänzen Sie bitte die Lücken im oberen
Feld mit jeweils zwei Teilen. (→ Aufgabe 8)

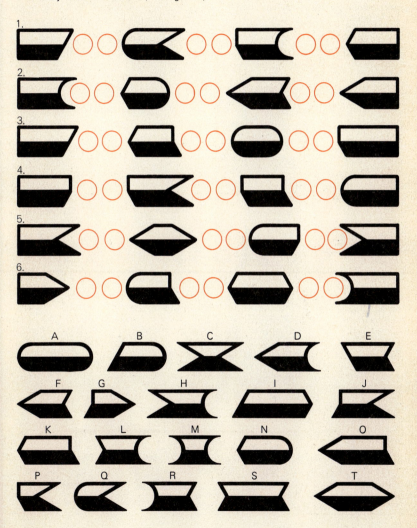

21

Anschauungsgebundenes Denken

Suchen Sie bitte aus den Teilstücken a)–d) die drei heraus, die sich zu der vorgegebenen Figur zusammenfügen lassen.
(→ Aufgabe 9)

22

Logisch-analytisches Denken

Welche der vier Lösungsmöglichkeiten setzt die Problemreihe entsprechend fort?

Problemreihe Lösungsreihe
a) b) c) d)

23

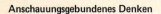

Anschauungsgebundenes Denken

Finden Sie heraus, welche der Teilstücke
a) — e) in den oberen Linien enthalten sind.
(→ Aufgabe 11)

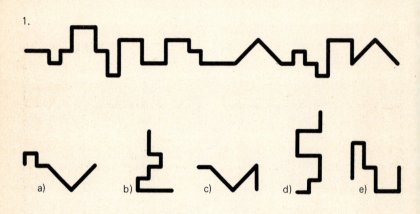

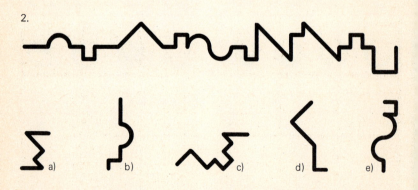

24

Logisch-analytisches Denken

Bei den Aufgaben dieses Typs ist in der dritten Reihe jeweils das rechte Feld leer. Aus den Eintragungen in der ersten und zweiten Reihe kann logisch geschlossen werden, wie dieses leere Feld zu füllen ist. Bei der Aufgabe 1 ist die Lösung zweifellos "A".

1.

A	B	C
A	C	B
B	C	

2.

A	B	C
B	C	D
C	D	

3.

A	C	E
D	F	H
K	M	

4.

1	1	2
2	3	5
1	4	

25

Konzentration und Tempomotivation

Zählen Sie bitte wieder die Symbole wie
in Aufgabe 1. Hier zählen die grauen
Symbole doppelt, die farbigen dreifach.
Richtzeit 4 Minuten
Diese Richtzeit können Sie nur einhalten,
wenn Sie ökonomisch arbeiten. Denken
Sie zunächst darüber nach, wie Sie vor-
gehen sollten.

Lösung

26

Wortgebundenes Denken

Bitte setzen Sie in die Spalte "Lösung" je ein Wort ein, das mit den gegebenen vier Wörtern eine sinnvolle Wortverbindung eingeht. Das Lösungswort soll dabei die erste Worthälfte darstellen.

					Lösung
1.	Personal	Vogel	Seil	Abfertigung	
2.	Essen	Programm	Anzug	Land	
3.	Bogen	Wasser	Menge	Schutz	
4.	Fall	Not	Wüste	Sucht	
5.	Pflanze	Linde	Mann	Fenster	
6.	Schuhe	Tür	Anzug	Nummer	
7.	Speicher	Problem	Punkt	Spaltung	
8.	Schrift	Lage	Gang	Lande	
9.	Ball	Ballett	Führer	Glas	
10.	Steuer	Recht	Fürst	Maus	
11.	Arm	Futter	Wagen	Spender	
12.	Arzt	Park	Schau	Freund	

27

Analogien

In die Leerstellen der folgenden Wortproportionen ist je ein Begriff so einzusetzen, daß dadurch zwei vollständige Wortpaare geschaffen werden, die in einem ähnlichen (analogen) Verhältnis zueinander stehen. Lesen Sie bitte so:
Apfel verhält sich zu Schale wie Körper zu Haut.

1. Apfel : Schale = Körper : _____

2. Wort : _____ = Ton : Musik
3. Trauer : weinen = _____ : lachen
4. Stamm : Baum = _____ : Blume
5. Insel : Meer = _____ : Wüste
6. Milch : Butter = Korn : _____
7. Milch : Kuh = _____ : Schaf
8. Regen : _____ = Wasser : Eis
9. Meer : Wasser = _____ : Sand
10. Gewehr : Kugel = Bogen : _____

28

Zahlengebundenes Denken

Führen Sie die Zahlenreihen entsprechend
der logischen Folge fort. (→ Aufgabe 3)

1.	0	1	3	6	7	9	12	13	___	___	___
2.	1	2	3	4	9	8	27	16	___	___	___
3.	0	4	8	4	8	12	6	10	___	___	___
4.	1	2	3	3	6	9	9		___	___	___
5.	2	3	4	9	16	29	54		___	___	___
6.	7	4	16	26	23	92	102		___	___	___
7.	2	3	5	8	13	21			___	___	___
8.	0	1	1	2	4	7	13	24	___	___	___

29

Wortgebundenes Denken

(→ Aufgabe 2)

Begriffe	Oberbegriff
1. London, Paris, Bonn	
2. Trompete, Fanfare, Posaune	
3. Harfe, Gitarre, Zither	
4. Uhr, Tachometer, Thermometer	
5. viele, wenige, einige	
6. Haus, Hütte, Zelt	
7. Weiler, Dorf, Stadt	
8. Onkel, Neffe, Schwester	

30

Konzentriertes Lesen

(→ Aufgabe 12)
Richtzeit 30 Sekunden

1. <u>Wort</u>   Buchstabe a)   Ton b)
2. schlecht a)   <u>Sieger</u>   gut b)
3. Rundfunk a)   Zeitung b)   <u>lesen</u>
4. <u>Sense</u>   Holz a)   Gras b)
5. <u>Held</u>   mutig a)   ängstlich b)
6. Stuhl a)   Bett b)   <u>legen</u>
7. stehlen a)   <u>Gefängnis</u>   schenken b)
8. <u>Der Winter ist da</u>   keine Sonne a)   Schnee ist gefallen b)

31

Konzentriertes Lesen

Bitte ergänzen Sie die Lücken dieses Textes.
Jeder Strich bedeutet einen Buchstaben.

Die Nordsee

Der _ _ _ _ _ _ _ _ dringt mit der _ _ _ _ _ _ _ tief in das

_ _ _ _ _ _ _ _ _ _ Festland vor. Er läßt die _ _ _ _ _ _ _ _ _ _ _

_ _ _ _ _ _ häufig seine Gewalt verspüren. Vor allem während der

_ _ _ _ _ _ _ _ _ _ _ _ jagen gewaltige _ _ _ _ _ _ , von

_ _ _ _ _ _ _ _ _ _ _ begleitet, über die _ _ _ _ _ _ _ _ _ _ _ _ _ _, de-

ren schwere _ _ _ _ _ _ _ _ gegen die _ _ _ _ _ _ und Uferbefestigung donnert,

sie oft _ _ _ _ _ _ _ _ _ _ _ _ und _ _ _ _ _ _ und _ _ _ _ in große Gefahren

stürzt. Groß ist die Zahl der _ _ _ _ _ _ . Viele _ _ _ _ _ _ _ _ liegen auf dem

_ _ _ _ _ _ _ _ _ _ _ _ und mit ihnen viele _ _ _ _ _ _ _ _ , für die jede _ _ _ _ _

_ _ _ _ _ _ _ _ _ .

Groß dagegen ist aber auch der _ _ _ _ _ _ , den das _ _ _ _ dem _ _ _ _ _ _ _ _

bringt. Es stellt ihm billige _ _ _ _ _ _ _ _ _ _ _ _ _ zur Verfügung, auf denen große

_ _ _ _ _ _ _ _ _ _ _ _ _ _ aller Art in die Welt hinausgehen oder auf denen

Rohstoffe, Nahrungsmittel und Geräte _ _ _ _ _ _ _ _ _ in die _ _ _ _ _ gelangen.

Die warmen Wasser des _ _ _ _ _ _ _ _ _ _ _ halten die Küsten _ _ _ _ _ _ _

_ _ _ .

Das Randmeer des _ , das sich in 450 km

_ _ _ _ _ _ zwischen Schottland und _ _ _ _ _ _ _ _ erstreckt und das auch durch

den _ _ _ _ _ _ _ _ _ _ _ mit dem _ _ _ _ _ _ _ _ verbunden ist, ist wegen seines

hohen _ _ _ _ _ _ _ _ _ _ _ _ _ _ reich an _ _ _ _ _ _ _ _ . So trägt es in immer

stärkerem Maße dazu bei, den _ _ _ _ _ einer ständig _ _ _ _ _ _ _ _ _ _ _ _

_ _ _ _ _ _ _ _ _ _ _ _ zu decken.

32

Konzentration

Bitte zeichnen Sie für die vorgegebenen Linien ein möglichst genaues Spiegelbild. Der Anfang dafür ist bereits gemacht.

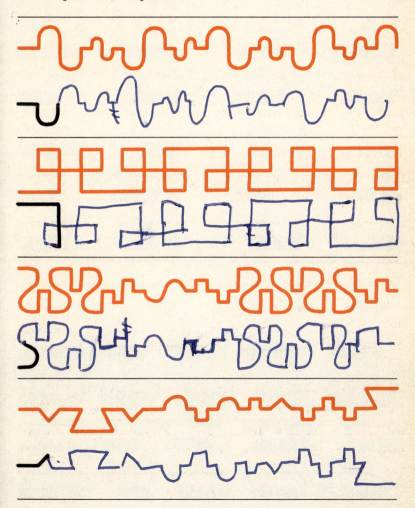

33

Konzentration

Wie in Aufgabe 8 sind im oberen Teil die Lücken mit den Teilstücken unten zu ergänzen. Diesmal jeweils mit drei Teilen.

34

Anschauungsgebundenes Denken

Jeweils drei der Teile a) — d) ergeben die obere Figur. Welche sind es?

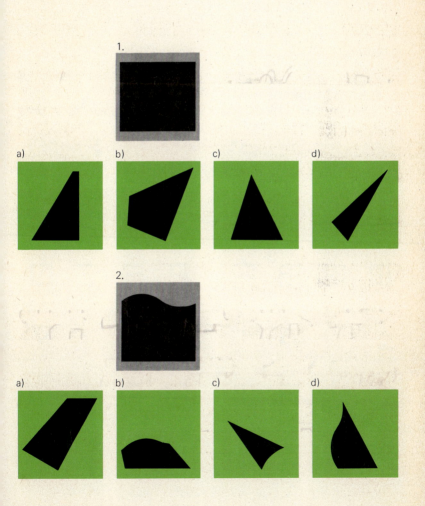

35

Logisch-analytisches Denken

Welches der Felder a) — d) setzt die Problemreihe logisch fort? (→ Aufgabe 10)

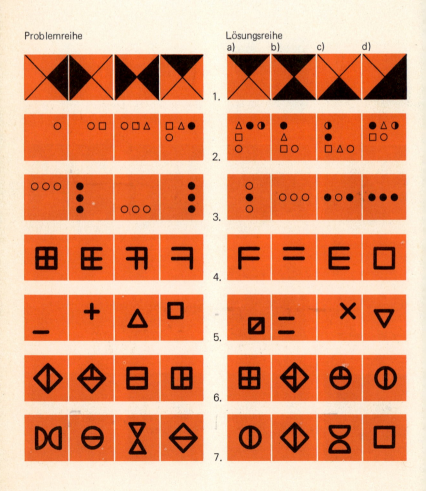

36

Anschauungsgebundenes Denken

Sehen Sie sich bitte die obere Linie genau an und finden Sie heraus, welche der unteren darin enthalten sein könnte.

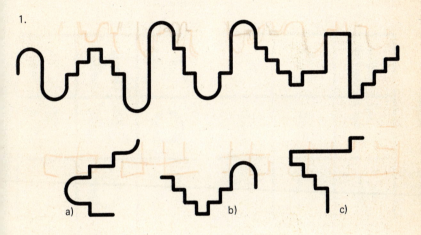

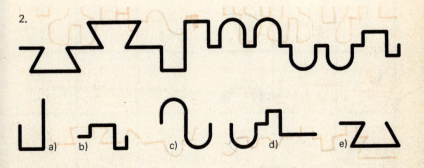

37

Logisch-analytisches Denken

Welche Lösung ergibt sich jeweils für das rechte Feld der dritten Reihe? Wenn Sie das Prinzip der oberen zwei Reihen entdeckt haben, kommen Sie schnell darauf.

38

Wortgebundenes Denken

Bitte ordnen Sie die folgenden Verben in das untenstehende Gliederungsschema entsprechend ein: greifen, lauschen, halten, hüpfen, sprechen, hören, flüstern, schreiben, laufen, schmecken, vernehmen, springen. Füllen Sie auch die Überschriftfelder entsprechend aus.

39

Logisch-analytisches Denken

Diese Geschichte muß vor langer Zeit passiert sein. Heute wäre sie wohl undenkbar!?

So soll es also gewesen sein:
Drei Kaufleute waren mit ihren drei Dienern unterwegs. Die Kaufleute waren sehr reich und befürchteten mit Recht, die Diener würden sie überfallen, sobald sie einmal in der Überzahl sein sollten.

Nun kamen sie an einen Fluß, zu dessen Überquerung nur ein kleiner Kahn für höchstens zwei Personen zur Verfügung stand.
Nun mußte klug übergesetzt werden, denn sonst hätte sich leicht eine Situation ergeben können, in der die Diener zahlenmäßig überlegen waren.
In welcher Reihenfolge mußte also übergesetzt werden?

40

Logisch-analytisches Denken

Gegeben sind drei Kartons. In dem einen befinden sich zwei weiße Kugeln, im anderen zwei schwarze und im dritten eine schwarze und eine weiße Kugel.

Die Kartons wären entsprechend ihrem Inhalt so beschildert: WW SS SW
Nun wurden aber die Schilder – ohne Ihr Wissen – so vertauscht, daß jeder Kar-

ton ein falsches Schild trägt.
Sie sollen den Inhalt der Kartons richtig bestimmen!
Dazu dürfen Sie jeweils nur eine Kugel aus irgendeinem Karton nehmen, ohne dabei die andere Kugel zu sehen.
Wieviel solcher Griffe sind notwendig, um Ihre Aufgabe zu erfüllen?

41

Logisch-analytisches Denken

Vier Herren sitzen auf einer Bank. Ihre Namen sind Kurz, Abele, Simon und Burger. Jeder hat einen anderen Familienstand. Ihre Berufe sind: Maler, Förster, Fahrer und Schaffner. Aufgrund der folgenden Aussagen soll herausgefunden werden, wie der Fahrer heißt und welchen Beruf Herr Kurz hat.
a) Der Förster sitzt neben dem Ledigen.
b) Herr Kurz hat alle übrigen Herren zu seiner Rechten sitzen.
c) Der verheiratete Herr ist jünger als der verwitwete, der verlobte jünger als der verheiratete. Der Ledige ist der jüngste.
d) Auch der jüngste Herr hat einen Eckplatz.
e) Der Förster ist nicht verlobt.
f) Herr Simon sitzt neben dem Zweitjüngsten.
g) Der Maler – der zwischen zwei jüngeren sitzt – ist älter als Herr Abele.
h) Herr Kurz ist nicht Fahrer.
i) Weder Herr Abele noch der Schaffner sind der jüngste.

42

Konzentriertes Lesen

Die folgenden Sätze enthalten Lücken. Diese sind durch jeweils einen der darunter stehenden Begriffe sinnvoll auszufüllen! Welcher Begriff ist der richtige? Bitte die Sätze konzentriert, rasch und nur einmal lesen!

1. Die Anhänger des Parlamentarismus in unserem Staat meinen, daß der ******* auch dann kein Schaden drohe, wenn gewisse Grundrechte zu bestimmten Zeiten eingeschränkt würden.
Demokratie a) Staatsgewalt b) Mehrheit c) Entwicklung d) Opposition e)
2. Sorgfältige Arbeit darf überall dort nicht außer acht gelassen werden, wo es vor allem auf die ******* Ausführung ankommt.
schnelle a) preiswerte b) dauerhafte c) genaue d) termingerechte e)
3. Es ist ein gefährlicher Irrtum anzunehmen, Brasilien sei ein Land ******* landwirtschaftlichen Reichtums und warte nur auf ausgebildete Landwirte aus Europa.
unerschlossenen a) schwindenden b) blühenden c) hochentwickelten d) begrenzten e)
4. Die Denkleistung weiter Kreise der Bevölkerung zu erhöhen, ist eine der wichtigsten Aufgaben für die Zukunft, da es für die Zukunft unseres Volkes von ******* Bedeutung ist, im ******* Wettbewerb der Nationen zu bestehen.
erheblicher, militärischem a) untergeordneter, wirtschaftlichem b) großer, geistigem c)

43

Konzentration und Tempomotivation

Wieviel der verschiedenen Symbole sind vorhanden? In dieser Aufgabe zählen die weißen Symbole einfach, die farbigen doppelt, die grauen dreifach und die schwarzen vierfach.
Richtzeit 6,5 Minuten
Diese Richtzeit können Sie nur dann einhalten, wenn Sie ökonomisch arbeiten. Denken Sie zunächst darüber nach, wie Sie vorgehen sollten.

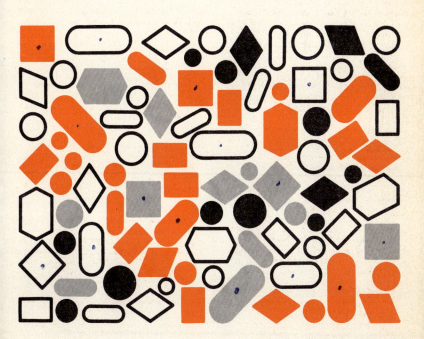

Lösung

44

Zahlengebundenes Denken

Welche Zahlen setzen die Zahlenreihen fort? (→ Aufgabe 3)

1. 0 1 2 2 2 3 2 2 4 ___ ___ ___
2. 2 2 4 2 2 6 6 6 2 18 4 ___ ___ ___
3. 1 1 2 2 4 6 7 15 11 ___ ___ ___
4. 1 2 4 3 5 6 8 7 ___ ___ ___
5. 1 2 3 1 1 4 5 1 1 6 7 ___ ___ ___
6. 1 3 5 1 1 7 9 ___ ___ ___
7. 8 16 18 14 28 31 26 52 56 50 ___ ___ ___
8. 3 4 7 9 16 19 35 ___ ___ ___

45

Wortgebundenes Denken

Bitte setzen Sie in die rechte Spalte jeweils den treffenden Oberbegriff ein. (→ Aufgabe 2)

Begriffe	Oberbegriff
1. Arm, Bein, Kopf	
2. Eisen, Blei, Kupfer	
3. Motorrad, Auto, Lastwagen	
4. Kahn, Segelschiff, Kanu	
5. Kohle, Gas, Elektrizität	
6. Rechnen, Schreiben, Lesen	
7. Ziegel, Holz, Beton	

8. Regen, Schnee, Hagel

9. Straße, Schiene, Kanal

10. Berg, Hügel, Kuppe

46

Konzentriertes Lesen

Suchen Sie bitte zu dem unterstrichenen Begriff das richtige Bezugswort oder die Bezugsaussage. (→ Aufgabe 12) Richtzeit 30 Sekunden

1. <u>Lärm</u>   laut a)   leise b)

2. trocken a)   naß b)   <u>Regen</u>

3. unbekannt a)   <u>Freund</u>   bekannt b)

4. <u>Vortrag</u>   schriftlich a)   mündlich b)

5. dagegen a)   dafür b)   <u>zustimmen</u>

6. Ende a)   <u>fertig</u>   Anfang b)

7. <u>Er hat es versucht</u>   zögern a)   wagen b)

8. möglich a)   unmöglich b)   <u>Ziel erreicht</u>

47

Konzentriertes Lesen

Füllen Sie bitte die Textlücken aus. Jeder Strich bedeutet ein Wort.

Das menschliche Gehirn

Der _____ hat unter allen _____ den _____ Entwicklungsstand _____ . Er hat ein _____ , das es _____ _____

_____ , zu merken und zu behalten, zu denken, zu urteilen und zu entscheiden. Diese _____ darf für den _____ keinesfalls aber nur _____ sein, sondern daraus wächst ihm, wie Gallup sagt, die _____ , seine _____ _____ bis zu einer _____ Grenze auszunutzen. Dieses _____ ist aber noch lange nicht _____ . Der _____ ist bei weitem noch nicht ___ __ _____ _____ Leistungsfähigkeit _____ . Erst seit _____ Jahrzehnten befaßt man sich _____ mit den Lern- und Denkfunktionen des _____ _____ _____ , und man ist dabei, Wege zu suchen und auszuprobieren, die _____ ___ _____ _____weiter auszunützen. Die Fülle der ungelösten _____ erlaubt es _____ , daß die große ____ _____ ohne Methode ihre _____ _____ einsetzt. Mit Hilfe des _____ _____ wurden in den letzten Jahrzehnten _____ auf allen Gebieten der_____ _____erreicht; denken wir nur an die Weltraumtechnik, die Transplantationschirurgie und den Computer. _____ , von denen wir heute noch nichts _____ , werden mit Hilfe ____ _____ _____ hergestellt und _____ werden. Das _____ selbst in seinem komplizierten _____ , in seiner großen Leistungsfähigkeit, in seiner schöpferischen Potenz und seiner Phantasiebegabung wird ____ _____ werden können. Immer wieder wird die _____ _____ des Gehirns vorangehen müssen, je größer auch die _____ sein mögen, die durch sein _____ verwirklicht werden. Dieses menschliche _____ ist wohl die _____ _____ , in der sich die fortentwickelnde Schöpfung demonstriert.

48

Konzentration

Bitte zeichnen Sie die Spiegelbilder dieser Linien.

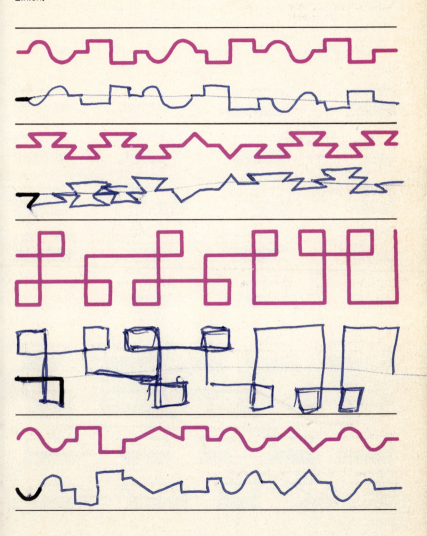

49

Konzentration

Setzen Sie bitte in die Kreise die Buchstaben der Teilstücke ein, die die Figuren im oberen Feld zu einer Linie ergänzen.

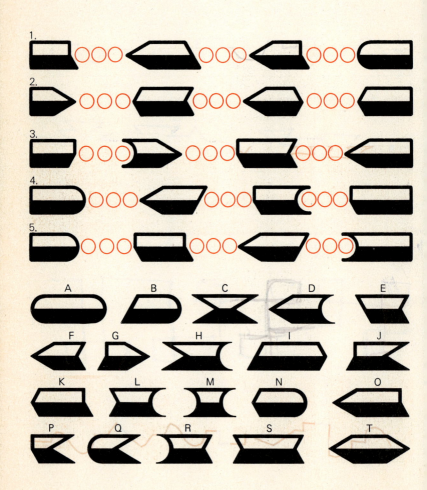

50

Anschauungsgebundenes Denken

Finden Sie bitte heraus, welche drei Teile die Figuren ergeben.

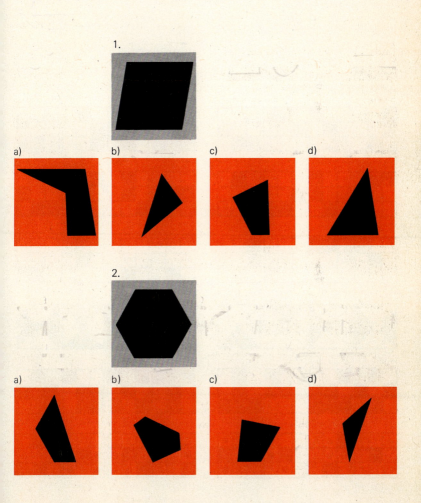

51

Logisch-analytisches Denken

Ein Feld der Lösungsreihe setzt die Problemreihe fort. Welches ist es?
(→ Aufgabe 10)

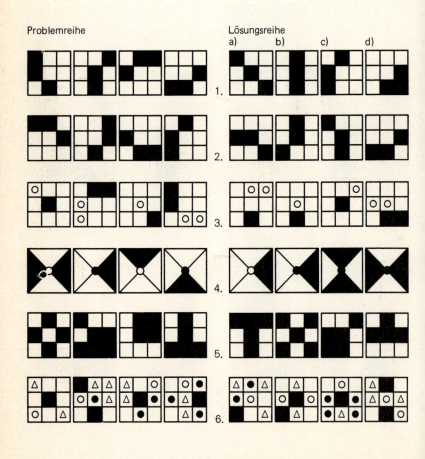

52

Anschauungsgebundenes Denken

Finden Sie bitte heraus, welches der Teilstücke jeweils in den oberen Linien enthalten ist.

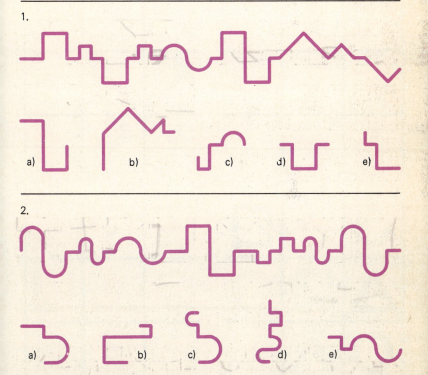

53

Logisch-analytisches Denken

Ergänzen Sie bitte das leere Feld in der unteren Reihe. (→ Aufgabe 24)

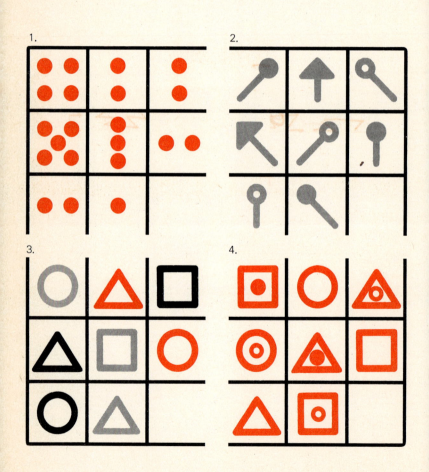

54

Wortgebundenes Denken

Bitte ordnen Sie die folgenden Begriffe in das untenstehende Gliederungsschema ein:
Kuh, Löwe, Meise, Papagei, Hase, Elefant, Amsel, Kondor, Hund, Nashorn, Lerche, Flamingo.
In die Überschriftenfelder sind entsprechende Überbegriffe einzusetzen.

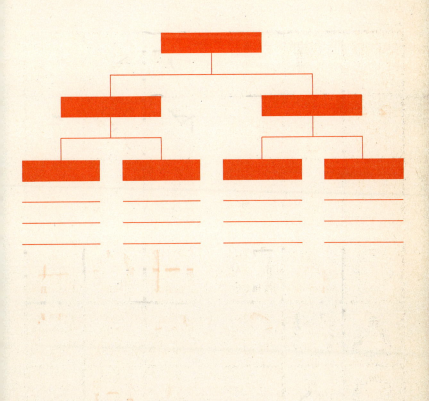

55

Wortgebundenes Denken

Bitte suchen Sie für die vorgegebenen
Wörter je vier sinnverwandte (Synonyme).

1. Begeisterung
2. Fahrer
3. Schund
4. Fahne
5. Schicksal
6. Bitte
7. Gesicht
8. nachmachen
9. Nachricht
10. nachlässig
11. hinnehmen
12. Gehalt
13. Einfall
14. Gefängnis
15. Eine Strafpredigt halten

56

Wortgebundenes Denken

Unter den 4 Begriffen jeder Zeile befindet sich ein Außenseiter. Ihn gilt es zu erkennen und anzustreichen, also so:
Fluß <u>See</u> Strom Bach

	a)	b)	c)	d)
1.	bedürftig	arm	genügsam	mittellos
2.	bekennen	zugeben	aussagen	gestehen
3.	verraten	verdecken	bemänteln	beschönigen
4.	plagen	erledigen	mühen	schuften
5.	opfern	spenden	stiften	nehmen
6.	riechen	fühlen	spüren	empfinden
7.	zutreffen	verbessern	stimmen	richtig sein
8.	unbezahlbar	aufwendig	teuer	kostspielig
9.	trennen	zerkleinern	sondern	scheiden
10.	erstaunt	überrascht	verlegen	verwundert
11.	abermals	wieder	erneut	neulich
12.	vergrößern	fortpflanzen	zunehmen	anwachsen
13.	intelligent	gescheit	klug	brav
14.	dürftig	arm	kümmerlich	bescheiden
15.	später	vorhin	demnächst	bald
16.	bewegen	rennen	fegen	sausen
17.	jagen	versäumen	eilen	hasten
18.	ab und zu	dann und wann	hin und wieder	auf und ab
19.	verdrossen	traurig	griesgrämig	mürrisch
20.	fruchtbar	nützlich	lohnend	reich

57

Logisch-analytisches Denken

Vier Schüler sitzen um einen runden Tisch. Ihre Namen sind Karl, Hans, Georg und Michael. Sie trinken Milch, Bier, Cola und Limo. In der Schule sind sie verschieden gut.
Aufgrund der Aussagen 1–8 soll herausgefunden werden, wie der Klassenbeste heißt und welcher Schüler Limo trinkt.

1. Hans trinkt keine alkoholischen Getränke
2. Der drittbeste Schüler sitzt dem besten gegenüber
3. Der beste Schüler trinkt Milch
4. Hans bestellt für sein Gegenüber Cola
5. Michael sitzt dem zweitbesten Schüler gegenüber
6. Der Biertrinker ist älter als Karl
7. Zur Rechten des Cola-Trinkers sitzt der schwächste der vier Schüler
8. Georg bedankt sich bei Hans für das Getränk

58

Zahlengebundenes Denken

Bitte setzen Sie die Zahlenreihen fort.

1.   2 5 4 10 6 15 ____ ____ ____
2.   1 8 4 5 12 6 7 14 ____ ____ ____
3.   1 8 32 4 11 44 9 16 ____ ____ ____
4.   7 2 14 13 4 52 19 8 152 25 16 ____ ____ ____
5.   6 2 3 8 12 4 6 16 ____ ____ ____
6.   3 6 12 21 36 60 ____ ____ ____
7.   1 2 5 4 20 12 60 48 ____ ____ ____
8.   7 34 19 44 25 48 25 46 ____ ____ ____

59

Analogien

In jeder Reihe finden Sie vorne zwei Wörter, die in einem bestimmten Verhältnis zueinander stehen. Welches der nachfolgenden steht im gleichen Verhältnis?
(→ Aufgabe 14)

		a)	b)	c)
1.	Flugzeug : Luft	Bach : Fisch	Zug : Bahnhof	Schiff : Wasser
2.	Mensch : Haus	Fuchs : Höhle	Maus : Falle	Handschuh : Hand
3.	Haus : Stadt	Ganzes : Teil	Baum : Wald	Buch : Seite
4.	Krieg : Friede	tapfer : feige	Liebe : Haß	Unordnung : Ordnung
5.	Fläche : Körper	leer : voll	Wand : Raum	dünn : dick
6.	Hund : Wolf	gezähmt : wild	Katze : Maus	bellen : beißen
7.	Maler : Bild	Kuchen : Bäcker	Sänger : Lied	Dichter : Gedicht
8.	Brief : Briefhülle	Buch : Schultasche	Buch : Seite	Koffer : Schrank
9.	Pfeil : Bogen	Angel : Haken	Netz : Fisch	Kugel : Gewehr
10.	Papier : Bleistift	Farbe : Pinsel	Tapete : Wand	Haut : Creme
11.	Flüssigkeit : Glas	Sand : Eimer	Flasche : Wein	Vase : Blume

60

Wortgebundenes Denken

Suchen Sie bitte den passenden Oberbegriff. (→ Aufgabe 2)

Begriffe	Oberbegriff
1. Buch, Illustrierte, Zeitung	
2. Lunge, Leber, Niere	

3. Nase, Ohr, Auge

4. Sonne, Mond, Sterne

5. Aktentasche, Koffer, Glas

6. Klasse, Familie, Verein

7. Silber, Gold, Platin

8. Reh, Hirsch

9. Trompete, Flöte, Fanfare

10. Addition, Subtraktion, Multiplikation

61

Konzentriertes Lesen

Zu den unterstrichenen Wörtern oder Aussagen ist jeweils der passende Begriff zu finden. Welcher ist es? (→ Aufgabe 12) Richtzeit 30 Sekunden

1. Pumpe a)   Herz   Motor b)
2. Sturm   Wolke a)   Wind b)
3. sägen a)   feilen b)   Holz
4. kalt a)   Föhn   warm b)
5. Gewinn   vermehren a)   vermindern b)
6. steigen a)   fallen b)   tropfen
7. bekömmlich   zuträglich a)   abträglich b)
8. reißen a)   Faden   brechen b)
9. Honig   Bauer a)   Imker b)
10. trennen a)   vereinen b)   kleben

62

Konzentration

Zeichnen Sie bitte das Spiegelbild der vorgegebenen Linien.

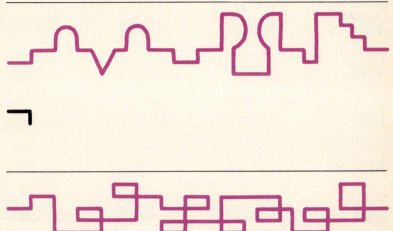

63

Konzentration

Setzen Sie in die Kreise die Benennung der Teilstücke ein, die die Lücken schliessen. (→ Aufgabe 8)

64

Konzentration und Tempomotivation

Aus der Aufgabenstellung können Sie ersehen, daß jeder Ziffer von 0–9 ein bestimmtes Zeichen entspricht. Bitte tragen Sie diese Symbole entsprechend in das Lösungsfeld ein.
Richtzeit 1,5 Minuten

Aufgabe

0	1	2	3	4	5	6	7	8	9
=	✕	⊔	O	∧	L	⌐	‖	▢	∨

Lösung

7	2	0	6	1	8	3	7	0	4	9	2	6	5	0	7	8

5	9	0	1	7	9	8	3	5	4	0	6	2	9	7	1	3

2	6	4	8	3	1	5	9	7	0	8	6	1	2	9	3	4

65

Analogien

Jede Reihe enthält zwei unvollständige Verhältnispaare. Diese sind zu ergänzen.
(→ Aufgabe 27)

1. Berg : Tal = hoch : _____

2. Vater : Sohn = Mutter : _____

3.	Brot	: _____	=	Wasser	: trinken
4.	Hut	: Kopf	=	Schuh	: _____
5.	Ofen	: _____	=	Kühlschrank	: Kälte
6.	Auto	: fahren	=	_____	: fliegen
7.	Vogel	: _____	=		: schwimmen
8.	Auge	: _____	=	Ohr	: _____
9.	Straße	: Weg	=	Fluß	: _____
10.	Zucker	: _____	=	_____	: scharf

66

Wortgebundenes Denken

Setzen Sie bitte in das Lösungsfeld je ein Wort ein, das zusammen mit den vier gegebenen Wörtern eine sinnvolle Wortverbindung eingeht, wobei das gesuchte Wort den ersten Teil bildet. (→ Aufgabe 26)

					Lösung
1.	Haus	Herz	Mal	Gesellschaft	
2.	Glas	Fall	Hose	Kraft	
3.	Dienst	Fahne	Hahn	Kunde	
4.	Ratte	Scheide	Stoff	Straße	
5.	Stätte	Schrat	Meister	Horn	
6.	Gift	Gold	Gelb	Beere	
7.	Haut	Flügler	Werk	Gleichrichter	
8.	Senke	Sohle	Sperre	Grund	
9.	Rose	Ei	Gebäck	Ernte	
10.	Fried	Kristall	Bahn	Predigt	

67

Logisch-analytisches Denken

Finden Sie heraus, welche der vier Möglichkeiten der Lösungsreihe die Problemreihe konsequent fortsetzt. (→ Aufgabe 10)

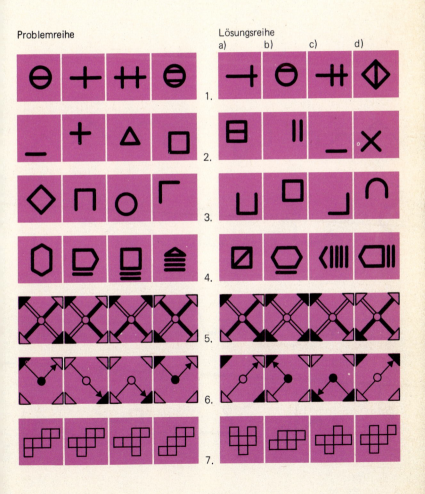

68

Anschauungsgebundenes Denken

Welche der Teilstücke sind in den vorgegebenen Linien enthalten?

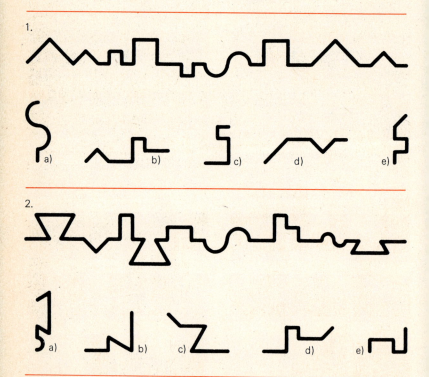

69

Logisch-analytisches Denken

Welche Figur ist jeweils in der dritten Reihe zu ergänzen? (→ Aufgabe 24)

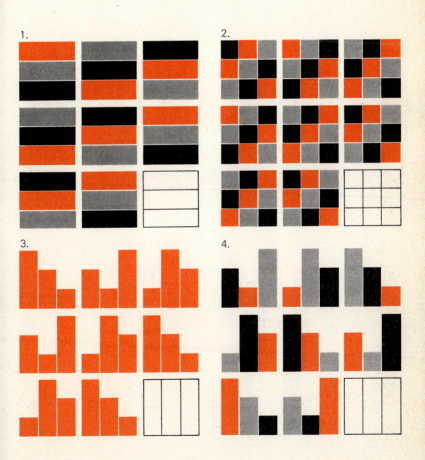

70

Wortgebundenes Denken

Bitte ordnen Sie die folgenden Begriffe in das untenstehende Gliederungsschema ein: Tennis, Diskuswerfen, Fußball, Boxen, Hochsprung, Handball, Kugelstoßen, Ringen, Speerwerfen, Weitsprung, Hockey, Hürdenlauf
In das Überschriftenfeld ist ein passender Oberbegriff einzusetzen.

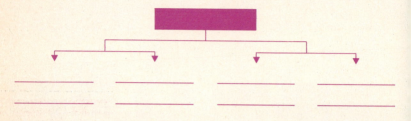

71

Wortgebundenes Denken

Hier gilt es, für die vier Begriffe jeder Reihe ein Wort zu finden, das als erster Wortteil mit den gegebenen eine sinnvolle Wortverbindung eingeht. (→ Aufgabe 26)

					Lösung
1.	Teil	Stock	Pfalz	Schicht	
2.	Zettel	Bericht	Inhalt	Manko	
3.	Sucht	Hammel	Sache	Frage	
4.	Garn	Nadel	Jacke	Leiter	
5.	Licht	Schuß	Band	Zug	
6.	Holm	Fisch	Dumm	Schirm	
7.	Fisch	Käse	Russe	Waren	
8.	Richter	Mut	Heit	Strom	
9.	Schutz	Karte	Betrieb	Messe	
10.	Schutz	Korn	Tier	Erde	

72

Wortgebundenes Denken

Unter den vier Begriffen einer jeden Zeile befindet sich je ein Außenseiter. Ihn gilt es zu erkennen und anzustreichen.

	a)	b)	c)	d)
1.	wegfahren	verlassen	einsam	allein
2.	leugnen	abstreiten	beteuern	bestreiten
3.	schätzen	grüßen	verehren	achten
4.	krank	alt	betagt	bejahrt
5.	machen	fertigen.	herstellen	beenden
6.	landen	beginnen	eintreffen	ankommen
7.	ansehen	betrachten	beobachten	probieren
8.	arbeiten	schwitzen	schaffen	schuften
9.	sammeln	einkleben	aufheben	aufbewahren
10.	einstellen	aufhören	einschlafen	abbrechen
11.	empören	widersetzen	auflehnen	wiederholen
12.	treu	aufrichtig	offen	ehrlich
13.	verstehen	lernen	begreifen	einsehen
14.	anschlagen	bewachen	bellen	kläffen
15.	erschüttert	berührt	ergriffen	begriffen
16.	roh	grausam	brutal	mächtig
17.	benützen	leihen	pumpen	borgen
18.	speisen	ernähren	essen	verzehren
19.	bleich	müde	blaß	fahl
20.	verderben	verwesen	vermodern	verrotten

73

Konzentration und Tempomotivation

Stellen Sie bitte die Anzahl folgender Symbole fest:
Kreise mit ungeraden Zahlen, Quadrate mit Großbuchstaben, Ovale mit geraden Zahlen und Rauten mit Kleinbuchstaben.
Richtzeit 3 Minuten

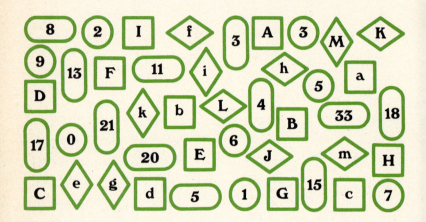

74

Analogien

In jeder Reihe sind jeweils Wörter so zu ergänzen, daß sich zwei vergleichbare Verhältnispaare ergeben. (→ Aufgabe 27)

1. trinken : _____ = _____ : Hunger
2. Vogel : Amsel = _____ : Tisch
3. Ei : _____ = _____ : Rinde
4. _____ : Herde = Wolf : _____
5. Schnabel : _____ = _____ : Biene
6. Ton : _____ = _____ : Sprache

7. Sieg	: _____	=	_____	: Trauer
8. zunehmen	: _____	=	_____	: verkleinern
9. _____	: loben	=	Faulheit	: _____
10. aufwärts	: _____	=	_____	: tiefer
11. füllen	: _____	=	_____	: vermindern
12. _____	: Hütte	=	Vogel	: _____

75

Wortgebundenes Denken

Tragen Sie jeweils rechts ein Wort ein, das mit den vier vorgegebenen Wörtern eine sinnvolle Verbindung eingeht. Das gesuchte Wort ist dabei immer der erste Wortteil. (→ Aufgabe 26)

Lösung

1. Füllung	Vergiftung	Stift	Bergwerk	
2. Werk	Bau	Not	Volk	
3. Zug	Pfand	Korb	Hals	
4. Wolle	Schere	Schule	Wart	
5. Laut	Glied	Leid	Tag	
6. Monat	Fest	Insel	Brauch	
7. Tuch	Weihe	Schmuck	Stange	
8. Spiel	Wechsel	Netz	Junge	
9. Frage	Bewußtsein	Bekenntnis	Schein	
10. Beamter	Haus	Beleg	Raub	
11. Wetter	Ziehen	Tropfen	Werk	
12. Werfer	Geschäft	Dasein	Heiligkeit	

76

Zahlengebundenes Denken

Setzen Sie bitte die Zahlenreihen fort.
(→ Aufgabe 3)

1. 2 1 4 2 6 4 8 8 ___ ___ ___
2. 7 4 1 9 6 3 11 8 ___ ___ ___
3. 1 3 9 5 7 21 17 19 ___ ___ ___
4. 1 6 2 10 4 16 8 24 ___ ___ ___
5. 12 8 20 16 40 36 90 86 ___ ___ ___
6. 1 2 9 121 ___
7. 3 9 12 8 4 7 11 6 ___ ___ ___
8. 3 9 7 10 30 28 38 ___ ___ ___

77

Wortgebundenes Denken

Bitte suchen Sie den treffenden Oberbegriff. (→ Aufgabe 2)

Begriffe	Oberbegriff
1. Löwe, Tiger, Hai	
2. Elefant, Nashorn, Nilpferd	
3. DM, Dollar, Pfund	
4. Fluß, Bach, Teich	
5. französisch, englisch, spanisch	

6. Kirche, Dom, Synagoge
7. Elbe, Rhein, Donau
8. Flugzeug, Auto, Eisenbahn
9. Fingerring, Perlenkette, Armband
10. Tier, Mensch, Pflanze

78

Konzentriertes Lesen

In jeder Reihe ist ein Wort unterstrichen. Markieren Sie beim Durchlesen dasjenige der beiden anderen Wörter, das dazugehört. (→ Aufgabe 12)

1. <u>Messer</u>   schneiden a)   kämmen b)
2. Schnur a)   <u>Nadel</u>   Faden b)
3. nah a)   weit b)   <u>fern</u>
4. schnell a)   <u>Zug</u>   eilig b)
5. <u>Bett</u>   weich a)   locker b)
6. glatt a)   rauh b)   <u>Seife</u>
7. Speise a)   <u>Honig</u>   Getränk b)
8. <u>Schere</u>   schneiden a)   sägen b)
9. <u>Radio</u>   Bild a)   Ton b)
10. schieben a)   ziehen b)   <u>Pferd</u>

79

Konzentriertes Lesen

Erwachsenenbildung heute

Warum eigentlich _____? Jeder von uns hat doch _____ ___ ___ _____ gesessen und die meisten waren _____, die Schule nach dieser Zeit _____ ___ _____. Aber schon nach einigen Jahren finden wir viele davon wieder____ ___ _____ als sehr fleißige _____. Die meisten Einrichtungen der _____ haben heute einen starken _____. Was sind wohl die _____ dafür, daß so viele _____ _____ wieder ___ _____ _____? Wir wollen einige davon nennen. Unsere heutige _____ ist durch einen raschen Wandel gekennzeichnet. Heute sind viele _____ auf dem _____, die vor wenigen Jahren noch unbekannt waren. Fast täglich hören wir von _____ Materialien, Produkten, Verfahren und Anwendungen. Um all das herzustellen und zu beherrschen, reicht das in der Schule _____ _____ _____ ____, und vieles von dem, was wir gelernt haben, ist heute längst _____. Außerdem ist unsere Welt heute so vielgestaltig und kompliziert, daß es ___ _____ mit ihren beschränkten _____ einfach nicht möglich ist, auch nur ein einigermaßen _____ Bild davon zu geben. Viele Menschen haben zudem ihre _____ ___ _____ abgebrochen, weil die Eltern vielleicht _____ nicht in der Lage waren, ein teueres _____ ___ _____, oder weil man es in _____ _____ nicht absehen konnte, wie wichtig eine _____ _____ und _____ _____ sind. Hier gibt die _____ _____ die Möglichkeit, _____ nachzuholen. Eine weitere _____ _____ für die _____ liegt darin, daß der Erwerb bestimmter Bildungsgüter, z.B. solcher aus den Gebieten der Philosophie, der Religion, der Psychologie eine bestimmte Lernreife voraussetzen, die beim _____ _____ einfach noch nicht _____ sein kann. Dies sind einige der wichtigsten Gründe

___ ___ _____ . Sie lassen es verständlich erscheinen, daß

viele _____ einen Teil ihrer _____ opfern, um wieder ___ _____

___ _____ . Es mehren sich die Stimmen, die vom berufstätigen Menschen verlan-

gen, sich ständig fortzubilden, um nicht den _____ zu verlieren und um den

_____ einer verantwortungsvollen _____ gewachsen zu sein.

80

Logisch-analytisches Denken

Welche der fünf Versionen a)–e) ergänzt den jeweiligen Satz in allgemeingültiger Weise?

Oft sind auch mehrere Möglichkeiten denkbar; gelegentlich jedoch ist keine eindeutige Ergänzung aufgeführt.

1. Je größer der Hunger, desto

a) ärmer der Mensch.
b) unwichtiger der Geschmack.
c) mehr kann man essen.
d) hastiger ißt man.
e) geringer die Leistungsfähigkeit.

2. Je schneller die Fahrt, desto

a) größer die Unfallgefahr.
b) höher der Kraftstoffverbrauch.
c) geringer der Fahrgenuß.
d) kürzer die Fahrzeit.
e) länger der Bremsweg.

3. Je modischer die Kleidung, desto

a) kurzlebiger ist sie.
b) teurer ist sie.
c) jünger der Träger.
d) individueller ist sie.
e) auffallender ist sie.

4. Je größer der Raum, desto

a) höher die Heizungskosten.
b) größer die Wohnfläche.
c) größer das Fassungsvermögen.
d) höher die Miete.
e) mehr Fenster braucht er.

5. Je größer die Auswahl, desto

a) schwieriger die Wahl.
b) wahrscheinlicher findet man das Gesuchte.
c) niedriger die Preise.
d) größer die Vergleichsmöglichkeit.
e) größer die Nachfrage.

6. Je länger die Rede, desto

a) kürzer der Sinn.
b) langweiliger ist sie.
c) wichtiger der Inhalt.
d) gründlicher wird das Thema behandelt.
e) mehr wird ausgesagt.

81

Anschauungsgebundenes Denken

Die folgenden mit 1—6 bezeichneten Symbole sind teilweise durch eine graue Scheibe verdeckt. Die darunter sichtbaren Teile sind mit Buchstaben versehen. Sie sollen nun feststellen, um welche der gegebenen Symbole es sich dabei handelt.
Setzen Sie bei "Lösung" die entsprechende Ziffer unter den Buchstaben.

Lösung

A	B	C	D	E	F	G	H	I

82

Anschauungsgebundenes Denken

Bei den Aufgaben dieser Art geht es um Würfeldrehungen. Prägen Sie sich bitte die Motive auf dem ersten Würfel genau ein. Nur so können Sie herausfinden, welche der folgenden Würfelbilder durch Drehung entstanden sein können.

83

Anschauungsgebundenes Denken

Welche der mit a)—e) bezeichneten Teilstücke sind jeweils in der oberen Linie enthalten? (→ Aufgabe 11)

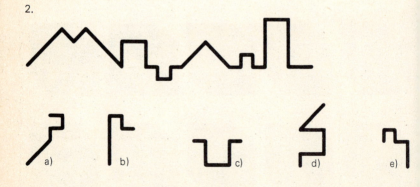

84

Logisch-analytisches Denken

Das untere Kästchen in der dritten Reihe jeden Feldes ist freigelassen. Die Lösung ergibt sich aus dem Aufbauprinzip der zwei oberen Reihen. (→ Aufgabe 24)

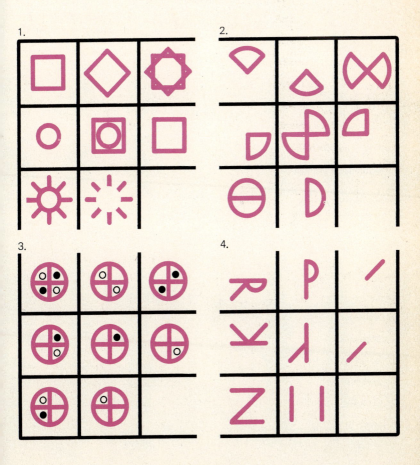

85

Wortgebundenes Denken

Die folgenden neun Sportarten sind in das untenstehende Gliederungsschema einzuordnen:
Golf, Tennis, Wasserball, Faustball, Baseball, Schlagball, Fußball, Handball, Federball.
Setzen Sie anschließend in die Überschriftenfelder geeignete Oberbegriffe ein.

86

Wortgebundenes Denken

Hier können Sie wieder Ihren Wortschatz auffrischen. Für jedes Wort sind sinnverwandte Wörter zu finden.

1. Rede
2. schreien
3. Becher
4. erzählen
5. abgespannt
6. hören
7. Ereignis
8. Schluß
9. apart

10. bürgen

11. erledigen

12. in Ordnung bringen

87

Logisch-analytisches Denken

Das obere Feld zeigt Zeichen verschiedener Form, verschiedener Farbe und in verschiedener Anzahl. Diesen Zeichen entspricht jeweils eine bestimmte Buchstabenkombination. Die Aufgabe ist es, herauszufinden, in welchem logischen Zusammenhang die Form, Farbe und Anzahl der Zeichen mit den Buchstabenkombinationen stehen.
Im unteren Feld sind nun zunächst Zeichen verschiedener Farbe und Zahl gegeben; hier gilt es, die entsprechende Buchstabenkombination herauszufinden. Umgekehrt sind dann drei Buchstabenkombinationen gegeben, zu denen die entsprechenden Zeichensymbole zu finden sind. Es handelt sich hier um eine recht schwierige Aufgabe, deren Lösung gründliches logisches Denken verlangt. Im Lösungsteil sind methodische Hilfen gegeben. Auf diese sollte aber nur dann zurückgegriffen werden, wenn der Lösungsweg nicht ohne Hilfestellung gefunden werden kann. Aber auch dann empfiehlt es sich, zunächst nur einen Teil dieser methodischen Hilfen zu lesen, um sich für weiteres selbständiges Denken anregen zu lassen.

Aufgabe

Lösung

88

Wortgebundenes Denken

Unter den vier Begriffen einer jeden Zeile befindet sich je ein Außenseiter. Ihn gilt es zu erkennen und anzustreichen.

	a)	b)	c)	d)
1.	Abfall	Müll	Verlust	Unrat
2.	Idee	Einfall	Zufall	Gedanke
3.	Gefährte	Freund	Kamerad	Mitglied
4.	Kirche	Religion	Tempel	Moschee
5.	Ständer	Gerüst	Pfeiler	Säule
6.	Vergnügen	Freude	Spaß	Ferien
7.	Junge	Bub	Früchtchen	Knabe
8.	Wolle	Zwirn	Garn	Stoff
9.	Pflock	Pfahl	Stamm	Pfosten
10.	Aussprache	Ansprache	Rede	Vortrag
11.	Sprung	Riß	Spalte	Bruch
12.	Stille	Nacht	Ruhe	Friede
13.	Schimmer	Glanz	Strahlen	Schein
14.	Ozean	Gewässer	Meer	See
15.	Schneid	Mut	Tapferkeit	Held
16.	Rundfunk	Nachricht	Kunde	Botschaft
17.	Bund	Paket	Bündel	Ballen
18.	Rast	Unterbrechung	Ruhe	Pause
19.	Jux	Fasching	Scherz	Spaß
20.	Schande	Schimpf	Scheu	Schmach

89

Konzentration und Tempomotivation

Addieren Sie bitte die Zahlen in den mit
━━ ━━ direkt verbundenen Kreisen.
Ihre Summe ist a) _____
Addieren Sie ferner die Zahlen in den mit
━・━ direkt verbundenen Rauten.
Ihre Summe beträgt b) _____
Jede Zahl wird dabei nur einmal gezählt.
Richtzeit 1 Minute

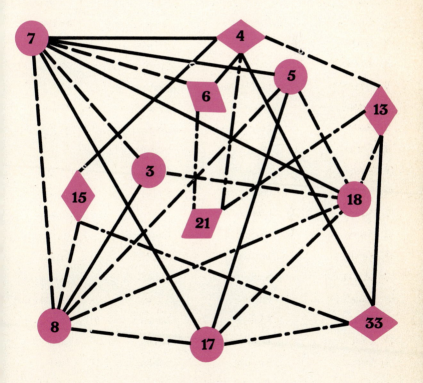

90

Logisch-analytisches Denken

Welche Wirkung hat die angeführte Ursache? Bitte unterstreichen Sie eine der drei genannten Möglichkeiten.

Ursache	Wirkung a)	b)	c)
1. Regen	Trockenheit	Niederschlag	Hochwasser
2. Hitze	Sonnenschein	Durst	Regen
3. Unfall	Polizei	Verletzung	Krankenhaus
4. Licht	Helligkeit	Taschenlampe	Schalter
5. Regen	Feuchtigkeit	Niederschlag	Wolke
6. Hochwasser	Regen	Schaden	Tiefdruck
7. Sturz	Stein	Unvorsichtigkeit	Beinbruch
8. Glatteis	Kälte	Unfall	Regen
9. Gewinn	Freude	Einsatz	Lotterie
10. Fleiß	Preis	Schüler	Lehrer
11. Scherz	Laune	Lachen	Witzbold
12. Feuer	Streichholz	Brennmaterial	Hitze
13. Drohung	Grund	Angst	Räuber
14. Unaufmerksamkeit	Konzentration	Unfall	Übermüdung
15. Müdigkeit	Arbeit	Schlaf	Entspannung
16. Kälte	Krankheit	Winter	Mantel
17. Tüchtigkeit	Arbeit	Reichtum	Mühe
18. Erdbeben	Einsturz	Seismograph	Herd

91

Analogien

Ergänzen Sie hier jeweils die zwei unvollständigen Verhältnispaare. (→ Aufgabe 27)

1. suchen	:	finden	=	fragen	:	_____
2. _____	:	Amsel	=	Genußmittel	:	Zigarette
3. Auge	:	_____	=	_____	:	Schall
4. Frühling	:	_____	=	_____	:	Leben
5. _____	:	Seite	=	Kette	:	_____
6. Uhr	:	_____	=	_____	:	Temperatur
7. addieren	:	_____	=	_____	:	dividieren
8. Schiff	:	_____	=	Auto	:	_____
9. Flut	:	_____	=	_____	:	gehen
10. _____	:	Tal	=	oben	:	_____
11. Salbe	:	Sonnenbrand	=	_____	:	Kummer
12. _____	:	Jubel	=	_____	:	Tränen
13. Licht	:	_____	=	_____	:	Ofen
14. Grenze	:	_____	=	_____	:	Garten

92

Anschauungsgebundenes Denken

Die mit Ziffern und die mit Buchstaben versehenen Teilstücke ergeben zusammen eine der fünf gegebenen Figuren.
Schreiben Sie bitte in das Lösungsfeld zu den angegebenen Buchstaben die betreffenden Ziffern.

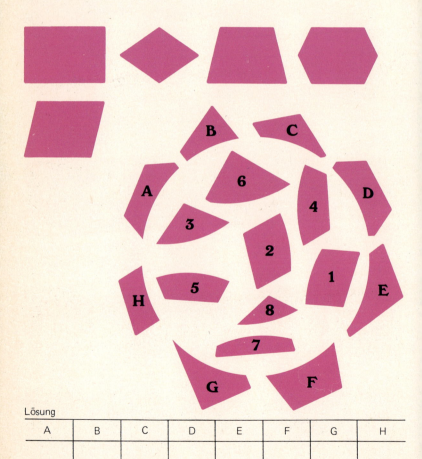

Lösung

A	B	C	D	E	F	G	H

93

Anschauungsgebundenes Denken

Der erste Würfel stellt die Ausgangsposition dar. Welche der folgenden Würfelpositionen ist durch Drehung des ersten entstanden? (→ Aufgabe 82)

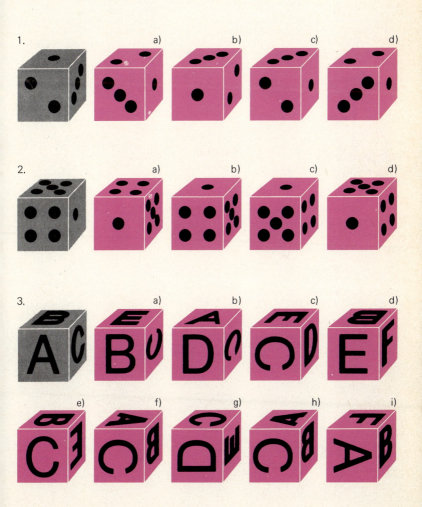

94

Anschauungsgebundenes Denken

Sie sehen hier einen Würfel mit einer Drehachse abgebildet. Eine solche Drehachse wollen wir eine Flächendrehachse nennen, weil sie durch zwei Deckflächen des Würfels geht.
Da es mehrere Drehachsen dieser Art gibt, wollen wir sie Flächendrehachse 1-2-8-7 (entsprechend den Ecken der betreffenden Flächen) nennen.
Wieviel solcher Flächendrehachsen gibt es noch? Wie können wir sie bezeichnen?
Drehen wir nun den Würfel im entgegengesetzten Uhrzeigersinn um die eingezeichnete Drehachse. Wir werden sehen, daß der Würfel nach vier Vierteldrehungen wieder in die Ausgangsstellung zurückkehrt.
Bitte tragen Sie nun in die Ecken der drei folgenden Würfel die Ziffern so ein, wie sie sich nach jeweils einer Vierteldrehung ergeben.

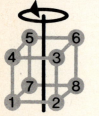

a)
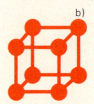
b)

c)

95

Anschauungsgebundenes Denken

Hier sehen Sie einen Würfel mit einer anderen Drehachse. Es handelt sich um eine Diagonaleckendrehachse, eben weil sie durch zwei diagonal gegenüberliegende Ecken läuft.
Wir wollen sie genauer mit Diagonaleckendrehachse 2-5 bezeichnen.
Wie viele solcher Drehachsen gibt es noch?
Wie lauten ihre Bezeichnungen?

Drehen Sie nun bitte auch diesen Würfel im entgegengesetzten Uhrzeigersinn um die eingezeichnete Diagonaleckendrehachse. Der Würfel kehrt nach der dritten Dritteldrehung in seine Ausgangsstellung zurück.
Bitte tragen Sie auch hier in die folgenden Würfel die Ziffern so ein, wie sie sich jeweils nach einer Dritteldrehung ergeben.

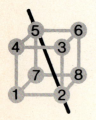

a)
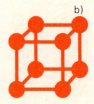
b)

96

Anschauungsgebundenes Denken

Hier sehen Sie die dritte und letzte Möglichkeit, eine Drehachse durch einen Würfel zu legen.
Da sie von einer Würfelkante zur diagonal gegenüberliegenden Würfelkante geht, wollen wir sie Diagonalkantendrehachse nennen.
Ihre genaue Bezeichnung ist Diagonalkantendrehachse 4-5/2-8.
Wie viele solcher Drehachsen gibt es noch?
Wie werden sie genau bezeichnet?
Drehen Sie nun bitte den ersten Würfel um die eingezeichnete Drehachse (Drehrichtung beliebig). Der Würfel kehrt nach zwei Halbdrehungen wieder in seine Ausgangsstellung zurück.
Bitte tragen Sie auch hier in die Ecken des zweiten Würfels die Ziffern ein, die sich nach der ersten Halbdrehung ergeben.

97

Anschauungsgebundenes Denken

In den Aufgaben 94, 95, 96 haben Sie die verschiedenen Drehachsen eines Würfels kennengelernt. Hier gilt es nun festzustellen, bei welcher Drehachse und bei wieviel Drehungen zum Beispiel die Kante 4-3 des linken Würfels zur Kante G-C des rechten Würfels wird.
In unserem Beispiel führt der linke Würfel eine Dritteldrehung nach rechts um die Diagonaldrehachse 2-5 aus, um zu erreichen, daß die Kante 4-3 zur Kante G-C wird.

1.	4 – 3 auf D – H
2.	6 – 8 auf E – A
3.	5 – 6 auf A – B
4.	7 – 8 auf E – H
5.	4 – 3 auf H – D
6.	2 – 8 auf A – E
7.	5 – 7 auf H – G
8.	2 – 8 auf A – E
9.	1 – 2 auf G – C
10.	7 – 8 auf F – E

98

Logisch-analytisches Denken

Welche Figur ist in das freie Feld einzusetzen? (→ Aufgabe 24)

1.

2.

3.

4.

99

Wortgebundenes Denken

Bitte ordnen Sie die folgenden Begriffe
in das untenstehende Gliederungsschema
ein:
Auto, Fahrrad, Motorrad, Kahn, Passagier-
schiff, Zug, Unterseeboot, Schubkarren,
Faltboot, Frachtschiff, Kanu, Handwagen.
Setzen Sie auch in die Überschriftenfelder
die passenden Oberbegriffe ein.

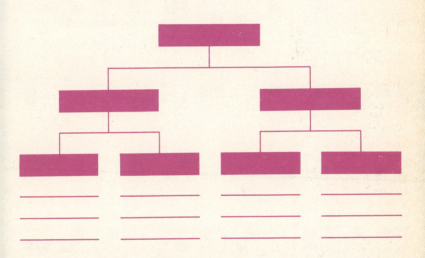

100

Konzentration und Tempomotivation

Jeder Ziffer von 0–9 ist im oberen Feld
ein bestimmtes Zeichen zugeordnet.
Bitte tragen Sie in den Feldern darunter
bei jedem Symbol die entsprechende
Ziffer ein.
Richtzeit 1,5 Minuten

101

Logisch-analytisches Denken

Im oberen Feld sind Zeichen verschiedener Art, Farbe und Anzahl bestimmten Buchstabenkombinationen zugeordnet. Entdecken Sie den Zusammenhang und bestimmen Sie die entsprechende Zuordnung. (→ Aufgabe 87)

Aufgabe

Lösung

102

Konzentriertes Lesen

In jeder Reihe ist ein Wort oder eine Aussage unterstrichen. Lesen Sie jede Reihe einmal durch und finden Sie dabei heraus, was dazugehört. (→ Aufgabe 12)

1. <u>Pinsel</u>   Farbe a)   Bleistift b)
2. zupfen a)   <u>Gitarre</u>   streichen b)
3. <u>Meter</u>   zählen a)   messen b)
4. dunkel a)   <u>das Licht ist an</u>   hell b)
5. verkaufen a)   kaufen b)   <u>brauchen</u>
6. leise a)   <u>Haus</u>   hoch b)
7. flüssig a)   zäh b)   <u>Tinte</u>
8. Arzt a)   Lehrer b)   <u>Schule</u>

103

Wortgebundenes Denken

Unter den vier Begriffen einer jeden Zeile befindet sich je ein Außenseiter. Ihn gilt es zu erkennen und anzustreichen.

	a)	b)	c)	d)
1.	Fehlschlag	Versager	Unding	Mißerfolg
2.	Gefecht	Kampf	Scharmützel	Sieg
3.	Nachfrage	Erlaubnis	Billigung	Genehmigung
4.	Glanz	Lampe	Pracht	Schein
5.	Zweck	Regel	Absicht	Ziel
6.	Anstalt	Schule	Unterricht	Heim
7.	Bedauern	Reue	Mitleid	Trauer
8.	Fachmann	Kenner	Handwerker	Experte
9.	Trugbild	Traumreise	Hirngespinst	Luftschloß
10.	Kämpfer	Streiter	Verlierer	Krieger
11.	Kloster	Kapelle	Dom	Münster
12.	Lagerhaus	Verkauf	Silo	Speicher
13.	Umgebung	Kreis	Gegend	Gefilde
14.	Last	Preis	Mühe	Bürde
15.	Leid	Kummer	Schmerz	Verlust
16.	Dickicht	Unterholz	Wald	Gestrüpp
17.	Bund	Club	Paar	Runde
18.	Brandung	Küste	Strand	Ufer
19.	Herde	Rudel	Schar	Gruppe

104

Konzentration und Tempomotivation

Aus dem oberen Feld können Sie erkennen, daß jeder Ziffer ein bestimmtes Symbol zugeordnet ist. Sie sollen nun diese Zeichen unten entsprechend eintragen.
Richtzeit 1,5 Minuten

Aufgabe

1	2	3	4	5	6	7	8	9
−	И	⊐	L	⊔	O	∨	X	=

Lösung

2	1	3	1	2	4	3	5	3	1	2	1	3	2	1	4	2

1	5	4	2	7	6	3	5	7	2	8	5	4	6	3	7	2

6	2	5	1	9	2	8	3	7	4	6	5	9	4	8	3	7

3	5	2	3	1	4	6	3	8	1	9	5	8	4	7	3	2

105

Konzentration und Tempomotivation

Einfache Aufgaben mit den vier Grundrechnungsarten, so scheint es. Aber hier werden die Rechenzeichen anders ausgelegt. Nämlich so:
+ bedeutet hier: dividieren
− bedeutet hier: multiplizieren
x bedeutet hier: addieren
: bedeutet hier: subtrahieren
Richtzeit 2 Minuten

1 x 1 =	12 : 4 =	10 : 5 =	9 : 3 =
8 : 4 =	8 + 2 =	2 − 2 =	8 − 8 =
4 + 2 =	9 : 3 =	5 x 5 =	18 + 9 =
6 − 6 =	9 x 1 =	4 − 3 =	5 x 2 =
16 : 8 =	3 − 4 =	4 + 2 =	1 − 1 =
4 x 2 =	3 x 3 =	8 : 6 =	6 + 2 =
2 x 3 =	6 + 2 =	6 x 2 =	9 : 6 =
4 : 2 =	9 : 6 =	9 + 3 =	9 x 2 =
3 − 3 =	8 + 4 =	3 − 3 =	16 − 3 =
9 + 3 =	4 − 4 =	3 x 3 =	16 x 4 =

106

Analogien

Ergänzen Sie jeweils die unvollständigen Wortpaare so, daß sie in einem gleichartigen Verhältnis zueinander stehen. (→ Aufgabe 27)

1. Sonne : Abendrot = _____ : Regenbogen
2. Körper : Skelett = Sprache : _____
3. Leiter : Sprosse = _____ : Stufe
4. Rahmen : _____ = _____ : Fahrbahn
5. Brille : _____ = _____ : Fotoapparat

6. _____	:	Skelett	=	_____ : Chassis
7. Müdigkeit	:	_____	=	_____ : Wasser
8. _____	:	Hochstimmung	=	Verlust : _____
9. Mensch	:	_____	=	Volkswirtschaft : _____
10. Brille	:	_____	=	_____ : Ohr
11. Schlüssel	:	_____	=	_____ : Problem
12. Meer	:	_____	=	_____ : Insel

107

Logisch-analytisches Denken

Welcher Zweck wird mit dem genannten Mittel verfolgt? Bitte streichen Sie in jeder Zeile den betreffenden Buchstaben an.

Mittel	Zweck a)	b)	c)
1. Kampf	Verteidigung	Niederlage	Opfer
2. Schule	Unterricht	Lehrer	Bildung
3. Polizei	Ordnung	Waffen	Einbruch
4. Telefon	Nachrichtentransport	Sprache	Gebühr
5. Nahrung	Brot	Leben	Kalorien
6. Urlaub	Erholung	Reise	Ferien
7. Buch	Bücherei	Literatur	Unterhaltung
8. Säen	Ernte	Samen	Wachstum
9. Denken	Kopfarbeit	Problemlösung	Gehirn
10. Lernen	Abitur	Schule	Wissensmehrung

108

Wortgebundenes Denken

Unter den vier Begriffen jeder Zeile befindet sich ein Außenseiter. Ihn gilt es zu erkennen und anzustreichen.

	a)	b)	c)	d)
1.	makellos	sinnlos	fehlerlos	einwandfrei
2.	behende	flink	hurtig	gescheit
3.	unartig	unbeholfen	ungezogen	frech
4.	vollständig	allseitig	ganz	restlos
5.	riesig	gewaltig	gewaltsam	ungeheuer
6.	schimmern	beleuchten	funkeln	glitzern
7.	heiter	vergnügt	ausgelassen	zufrieden
8.	nützen	helfen	beaufsichtigen	heilen
9.	abhalten	belauern	verwehren	hindern
10.	langweilig	andauernd	immer	ständig
11.	kühl	gefroren	frisch	kalt
12.	hungrig	ärmlich	dürftig	karg
13.	kaufen	zahlen	erwerben	anschaffen
14.	dreist	keck	schlau	frech
15.	überlegen	angeben	protzen	prahlen
16.	ausprobieren	auswählen	erproben	prüfen
17.	raufen	prügeln	brüllen	schlagen
18.	mißhandeln	quälen	martern	dressieren
19.	heimzahlen	prügeln	rächen	vergelten
20.	häufig	wiederholt	oft	immer

109

Konzentriertes Lesen

Bitte bilden Sie zehn sinnvolle Sätze, indem Sie aus jeder der drei Spalten einen Teilsatz verwenden. Als Hilfestellung sind die Satzzeichen angegeben.

1. Wer einem Freund aus dem Dreck helfen will, | läuft nicht. A) | das ist Lebenskunst. a)

2. Geschäfte sind wie Schubkarren; | andere tun genau dasselbe mit ihrer Zeit. B) | darf sich nicht scheuen, b)

3. Versuche nicht, Stufen zu überspringen; | sie stehen, C) | die Dinge so zu sehen, c)

4. Alt werden steht in Gottes Gunst; | als durch Rost D) | wie der einzelne. d)

5. Die öffentliche Meinung ist nicht immer die richtige; | dann ist meine Rede nichts wert. E) | abgenutzt zu werden. e)

6. Intelligenz ist die Kunst, | die Masse irrt ebenso F) | wenn man sie nicht schiebt. f)

7. Viele machen sich keine Sorgen um ihr Geld, | selbst schmutzig zu werden. G) | bis es beinahe alle ist; g)

8. Wenn ihr euch versucht fühlt, | daß man die rechte Folgerung daraus ziehen kann. H) | mich zu loben, h)

9. Wenn man genug Erfahrung gesammelt hat, | ist man zu alt, I) | um sie auszunutzen. i)

10. Es ist besser, durch Arbeit | jung bleiben, J) | wer einen weiten Weg vorhat, j)

110

Logisch-analytisches Denken

Welche der fünf Versionen a) — e) ergänzt den jeweiligen Satz in allgemeingültiger Weise?
Oft sind auch mehrere Möglichkeiten denkbar; gelegentlich jedoch ist keine eindeutige Ergänzung aufgeführt.

1. Je mehr Regen, desto

a) besser das Wachstum.
b) höher die Bodenfeuchtigkeit.
c) kühler der Sommer.
d) höher der Pegelstand.
e) mehr Regenbekleidung wird gekauft.

2. Je kälter der Winter, desto

a) wärmer der Sommer.
b) höher die Heizölpreise.
c) mehr Schnee.
d) dicker das Eis.
e) größer die Gefahr der Erkältung.

3. Je höher man steigt, desto

a) besser wird die Aussicht.
b) gefährlicher der Weg.
c) dünner die Atmosphäre.
d) steiler der Weg.
e) tiefer fällt man.

4. Je mehr Schnee fällt, desto

a) größer wird die Schneelast auf den Dächern.
b) kälter ist es.
c) länger dauert der Winter.
d) mehr Schmelzwasser gibt es.
e) schwieriger die Verkehrsverhältnisse

5. Je mehr man lernt, desto

a) intelligenter wird man.
b) mehr vergißt man.
c) größer das Wissen.
d) besser das Zeugnis.
e) größer der Fleiß.

6. Je reicher der Wortschatz, desto

a) größer die Ausdrucksmöglichkeit.
b) größer das Gedächtnis.
c) richtiger die Aussage.
d) länger die Rede.
e) aufmerksamer die Zuhörer.

111

Anschauungsgebundenes Denken

Der erste Würfel zeigt jeweils bestimmte Motive. Welches der anderen Würfelbilder kann durch Drehung des ersten entstanden sein? (→ Aufgabe 82)

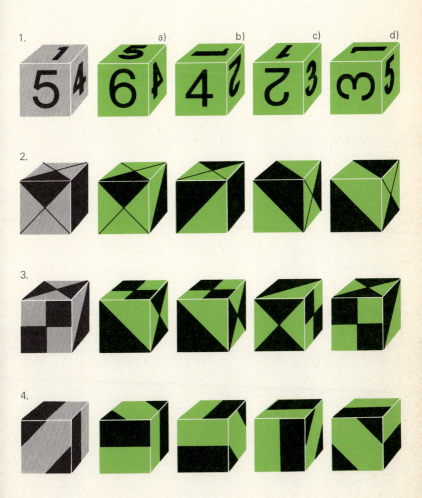

112

Anschauungsgebundenes Denken

Der erste Würfel stellt die Ausgangsposition dar.
Die Stellung der folgenden Würfel ist durch Drehung jeweils aus der Ausgangsstellung heraus entstanden.

Bitte stellen sie nun fest, um welche Drehung und Drehachse es sich gehandelt hat. (→ Aufgabe 94 – 96)
Die Drehrichtung ist immer entgegengesetzt dem Uhrzeigersinn.

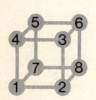  

a) _____

b) _____

113

Anschauungsgebundenes Denken

Der erste Würfel stellt die Ausgangsposition dar.
Die Stellung der folgenden Würfel ist durch Drehung jeweils aus der Ausgangsstellung heraus entstanden.

Bitte stellen Sie nun fest, um welche Drehung und Drehachse es sich gehandelt hat. (→ Aufgabe 94 – 96)
Die Drehrichtung ist immer entgegengesetzt dem Uhrzeigersinn.

 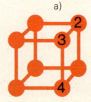 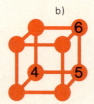

a) _____

b) _____

114

Anschauungsgebundenes Denken

Bitte entscheiden Sie, welche der mit a) – f) bezeichneten Würfel durch Faltung der daneben stehenden Figur entstanden sein können.

115

Logisch-analytisches Denken

Welche Figur ist jeweils in das leere Feld einzusetzen. Die Lösung ergibt sich aus dem Zusammenhang der oberen zwei Reihen. (→ Aufgabe 24)

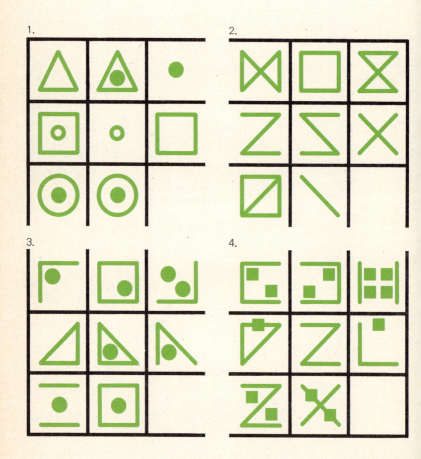

116

Wortgebundenes Denken

Es sind 24 Begriffe gegeben. Ordnen Sie diese in vier Gruppen zu je sechs Begriffen. Bilden Sie für jede dieser vier Gruppen einen treffenden Oberbegriff. Je zwei dieser Gruppen bilden eine Hauptgruppe. Suchen Sie auch hierfür je einen treffenden Begriff.

Haß, Verzweiflung, Jubel, Liebe, Mißtrauen, Entrüstung, Interesse, Sorge, Ärger, Freude, Ruhe, Vertrauen, Feindseligkeit, Dankbarkeit, Heimweh, Zuversicht, Angst, Verachtung, Mitleid, Hilflosigkeit, Behagen, Spott, Bewunderung, Zufriedenheit.

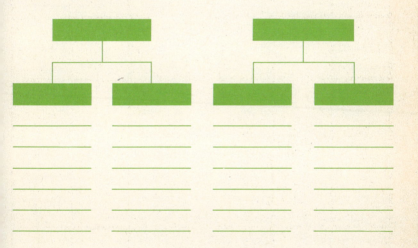

117

Wortgebundenes Denken

Unter den vier Begriffen einer jeden Zeile befindet sich je ein Außenseiter. Ihn gilt es zu erkennen und anzustreichen.

	a)	b)	c)	d)
1.	vermögend	wohlhabend	überflüssig	reich
2.	religiös	glaubhaft	fromm	gläubig
3.	wittern	riechen	schnuppern	suchen
4.	glänzend	rein	blank	sauber
5.	mißglücken	versehen	fehlschlagen	scheitern
6.	schrubben	scheuern	fegen	waschen
7.	schlagen	schelten	schimpfen	zetern
8.	hauen	schlagen	verletzen	prügeln
9.	bescheiden	arm	schlicht	einfach
10.	eilig	rasch	schnell	geschwind
11.	geneigt	schräg	krumm	schief
12.	johlen	brüllen	schreien	freuen
13.	schlapp	matt	schlecht	schwach
14.	betrunken	taumeln	wanken	schwanken
15.	schwelgen	vergeuden	prassen	schlemmen
16.	schaukeln	drehen	pendeln	schwingen
17.	wahrnehmen	durchschauen	sehen	erkennen
18.	eigenartig	seltsam	sehenswert	sonderbar
19.	pfeifen	zwitschern	schlagen	summen
20.	unmittelbar	jetzt	sofort	gleich

118

Konzentration und Tempomotivation

In dieser Aufgabe werden die Rechenzeichen anders ausgelegt, nämlich so:
: bedeutet hier: addieren
x bedeutet hier: subtrahieren
— bedeutet hier: dividieren
+ bedeutet hier: multiplizieren
Richtzeit 2 Minuten

4 : 2 =	12 − 4 =	15 x 5 =	33 − 11 =
3 + 7 =	16 − 4 =	12 : 2 =	18 x 6 =
16 x 4 =	21 : 7 =	17 x 4 =	15 − 3 =
9 − 3 =	7 + 7 =	6 + 6 =	36 : 12 =
8 + 5 =	64 − 16 =	72 − 12 =	12 − 4 =
9 : 3 =	48 : 24 =	18 : 3 =	5 + 7 =
18 − 6 =	13 + 3 =	22 x 2 =	35 x 5 =
9 x 2 =	21 − 7 =	4 + 7 =	25 : 5 =
36 − 6 −	72 : 16 =	80 − 20 =	4 + 12 =
24 : 8 =	18 − 2 =	14 : 7 =	14 x 2 =

119

Analogien

Welches der Wortpaare a) — e) steht in einem gleichartigen Verhältnis zueinander wie das erste? (→ Aufgabe 14)

1. Wurzel : Baum

a) Ursache : Wirkung
b) Rüssel : Biene
c) Arzt : Patient
d) Wärme : Sonne
e) Form : Inhalt

2. Öl : Flamme

a) Eis : Schnee
b) Feuer : Wasser
c) Bürger : Staat
d) Lebensmittel : Mensch
e) Hitze : Rauch

3. Medizin : Krankheit

a) Feuerlöscher : Feuer
b) Unglück : Hilfe
c) Trost : Träne
d) Urteil : Untat
e) Lob : Tadel

4. Traum : Wirklichkeit

a) Bericht : Story
b) Roman : Bericht
c) Lyrik : Prosa
d) Phantasie : Idee
e) Eingebung : Bewußtsein

5. Beweis : Urteil

a) Schüler : Lehrer
b) Geld : Arbeit
c) Strom : Licht
d) Beleg : Buchung
e) Leistung : Preis

6. Bild : Rahmen

a) Grenze : Staatsgebiet
b) Buch : Seite
c) Album : Foto
d) Seite : Rand
e) Garten : Hecke

7. Artikel : Überschrift

a) Vorwort : Buch
b) Inhaltsverzeichnis : Lehrbuch
c) Brief : Betreff
d) Sache : Name
e) Marke : Stempel

8. Architekt : Gebäude

a) Pilot : Flugzeug
b) Choreograph : Ballett
c) Baumeister : Haus
d) Dirigent : Orchester
e) Plan : Wirklichkeit

120

Logisch-analytisches Denken

Welche Wirkung hat die genannte Ursache? Bitte suchen Sie unter den drei gegebenen Möglichkeiten die richtige heraus.

Ursache	Wirkung a)	b)	c)
1. Baustelle	Gebäude	Bauplan	Umleitung
2. Alter	Gebrechen	Jugend	Pension
3. Hunger	Brot	essen	stehlen
4. Sprengung	Zusammenbruch	Zündschnur	alt

5.	Sonne	Himmelskörper	Wärme	Strahlen
6.	Arbeit	Ermüdung	Lohn	Arbeiter
7.	Streit	Frieden	Gegner	Haß
8.	Vergiftung	Tod	Krankenhaus	Genesung
9.	Bakterien	Bekämpfung	Heilung	Seuche
10.	Erfolg	Freude	Mühe	Tat
11.	Lärm	Nervosität	Motor	Ruhe
12.	Filter	Verschmutzung	Wasser	Reinigung

121

Konzentriertes Lesen

Die folgenden Sätze enthalten Lücken. Bitte füllen Sie diese durch jeweils einen der untenstehenden Begriffe oder Satzteile aus.

1. Eine bestimmte Arbeit, deren rechtzeitige Ausführung durch den Ausfall einiger Arbeitskräfte in Frage gestellt ist, kann nur dann zum festgesetzten Zeitpunkt fertiggestellt werden, wenn es gelingt, ****** Maschinen zu beschaffen.
Bau a) arbeitssparende b) Präzisions c) kostspielige d) preisgünstige e)

2. Es ist immer dann möglich, die Auswirkung von Lohnsteigerungen auf den Verkaufspreis zu vermeiden, wenn der Unternehmer ****** verzichtet.
auf Gastarbeiter a) auf einen Teil seines Gewinnes b) auf neue Kunden c) auf eine Erweiterung des Absatzes d) auf eine weitere Verbesserung der Erzeugnisse e)

3. Übermäßige Düngung wird überall dort schädlich sein, wo ein karger Boden für ein zufriedenstellendes Wachstum ****** ist.
überflüssig a) unerläßlich b) nebensächlich c) vorhanden d) zweifelhaft e)

4. Da für die zufriedenstellende Ausführung dieser Tätigkeit ein großes Maß an Willenskraft unbedingt erforderlich ist, wäre es sehr von Nachteil bei der Auswahl von Bewerbern, der Prüfung dieser Charaktereigenschaft ******
besondere Aufmerksamkeit zu schenken a) geringe Aufmerksamkeit zu schenken b) Gewicht beizumessen c) beizupflichten d) keine entscheidende Bedeutung beizumessen e)

122

Konzentriertes Lesen

Bitte bilden Sie zehn sinnvolle Sätze, indem Sie aus jeder der drei Spalten einen Teilsatz verwenden.

1. Die anfänglichen Schwierigkeiten	wird ständig größer A)	die bei dem Bau der Bundesautobahn besteht a)
2. Die Finanzlücke	der Weg, der nach oben führt B)	seien allein durch mehr Lehrer zu beheben b)
3. Es ist ein Irrtum, anzunehmen	durch Spenden zur Linderung der Not beizutragen C)	könne auch flach verlaufen c)
4. Faulenzer glauben	sind auf eine schlechte Planung zurückzuführen D)	hat viele Menschen in der Welt veranlaßt d)
5. Die Nachricht von der Flutkatastrophe	weil man es zu geschwind E)	die wir bei der Verwirklichung dieses Projektes hatten e)
6. Wer nicht tun kann	desto länger bleibt er liegen F)	für verloren gibt f)
7. Vieles geht in der Welt verloren	der ihn mit großem Fleiß erworben hat G)	dies ihn zu belehren g)
8. Ein guter Rat ist wie Schnee	die Schwierigkeiten in unserem Schulsystem H)	und ihn gut anzuwenden weiß h)
9. Nur dem ist Reichtum gut	ist unsere Aufgabe I)	gibt keinen Schulzen ab i)
10. Der Mensch muß sich in der Welt selbst forthelfen	was die Leute verdrießt J)	je leiser er fällt j)

123

Logisch-analytisches Denken

Welche der fünf Versionen a)–e) ergänzt den jeweiligen Satz in allgemeingültiger Weise?
Oft sind auch mehrere Möglichkeiten denkbar; gelegentlich jedoch ist keine eindeutige Ergänzung aufgeführt.

1. Je länger man arbeitet, desto

   a) mehr wird erreicht.
   b) tiefer schläft man.
   c) höher ist der Lohn.
   d) kürzer die Freizeit.
   e) länger der Urlaub.

2. Je älter der Mensch, desto

   a) schneller vergeht die Zeit.
   b) höher ist sein Einkommen.
   c) geringer seine Lebenserwartung.
   d) mehr Lebenserfahrung hat er.
   e) vernünftiger sind seine Entscheidungen.

3. Je größer die Leistung, desto

   a) höher das Einkommen.
   b) länger die Arbeitszeit.
   c) länger der Urlaub.
   d) höher die Wirksamkeit.
   e) größer die Anerkennung.

4. Je höher die Preise, desto

   a) geringer die Kaufkraft des Geldes.
   b) geringer die Nachfrage.
   c) höher das Angebot.
   d) höher das Einkommen.
   e) größer die Gewinne.

5. Je lebensnotwendiger die Ware, desto

   a) preiswerter ist sie.
   b) preisunempfindlicher ist sie.
   c) teurer ist sie.
   d) lieber wird sie gekauft.
   e) wichtiger ist das Angebot.

6. Je mehr man verdient, desto

   a) mehr wird ausgegeben.
   b) größer ist der Wohlstand.
   c) höher werden die Ansprüche.
   d) höher ist die Steuerpflicht.
   e) größer ist die Lebensfreude.

124

Anschauungsgebundenes Denken

Hier sehen Sie zunächst einen Würfel in der Ausgangsstellung. Ferner fünf weitere Würfen, deren Stellung durch Drehung aus der Ausgangsstellung hervorgegangen sein soll. Sie sollen nun aufgrund der Ziffernstellung feststellen, welche Stellungen durch Drehung aus der Ausgangsposition tatsächlich hervorgegangen sein können. Erklären Sie bitte auch, aus welcher Ziffernstellung Sie ersehen, daß die eine oder andere Position keine echte Drehung sein kann.

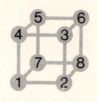
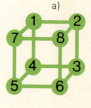
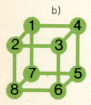
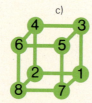
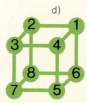
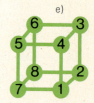

125

Anschauungsgebundenes Denken

Die folgenden Würfel sind durch Drehung aus der Ausgangsstellung entstanden. Bitte tragen Sie die fehlenden Ziffern entsprechend der Drehung ein.

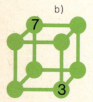
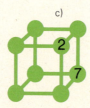
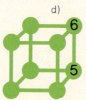

126

Anschauungsgebundenes Denken

Bitte entscheiden Sie bei den folgenden Aufgaben, welcher der mit a)–f) bezeichneten Würfel durch Faltung der daneben stehenden Figur entstanden sein kann.

127

Logisch-analytisches Denken

Für das leere Feld der dritten Reihe ist entsprechend den oberen zwei Reihen die richtige Figur zu finden. (→ Aufgabe 24)

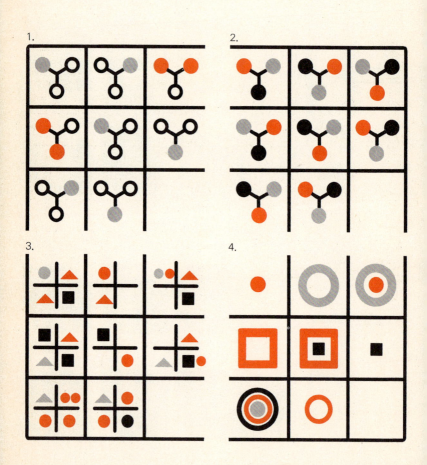

128

Logisch-analytisches Denken

Versuchen Sie zunächst, den Zusammenhang zwischen den Zeichen- und Buchstabenkombinationen zu erkennen. Anschließend tragen Sie dann im unteren Feld zu jeder Zeichenkombination die entsprechende Buchstabenkombination ein. (→ Aufgabe 87)

Aufgabe

	KOM		KIN		KAM		SIB
	SAN		KUB		TON		TIN
	SUM		SOB		TUB		TAM

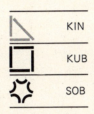

Lösung

129

Logisch-analytisches Denken

In einem 6sitzigen deutschen Wagen sitzen sechs Herren, drei vorn und drei hinten.
Ihre Berufe: Architekt, Arzt, Lehrer, Kalkulator, Kaufmann, Bauunternehmer.
Sie sind 43, 52, 40, 46, 36, 42 Jahre alt.
Ihre Hobbies: Skilaufen, Jagen, Briefmarkensammeln, Tennisspielen, Schwimmen, Leichtathletik.
Diese Fragen sind zu beantworten:
Welches Hobby pflegt der Arzt?
Wie alt ist der Leichtathlet?

1. Der Architekt sitzt am Steuer.

2. Der Insasse auf dem rechten hinteren Sitz sammelt Briefmarken.

3. Der Kalkulator unterhält sich nach schräg hinten mit dem Bauunternehmer.

4. Der Tennisspieler unterhält sich mit seinem linken Nebensitzer über Skilauf.

5. Der Kaufmann sitzt zwischen dem Lehrer und dem Bauunternehmer.

6. Vor dem Lehrer sitzt der 40jährige.

7. Der 42jährige sitzt in der 1. Reihe.

8. Der rechts vor dem Kaufmann sitzende ist 46 Jahre alt.

9. Neben dem Kalkulator sitzt der Skiläufer.

10. Der Schwimmer sitzt rechts hinter dem Skiläufer.

11. Der 36jährige sitzt neben dem Briefmarkensammler, der der älteste im Wagen ist.

12. Der Leichtathlet unterhält sich mit seinem Vordermann.

130

Wortgebundenes Denken

Unter den vier Begriffen jeder Zeile befindet sich je ein Außenseiter. Ihn gilt es herauszufinden und anzustreichen.

	a)	b)	c)	d)
1.	traurig	schmerzhaft	bedrückt	wehmütig
2.	höflich	artig	brav	ritterlich
3.	willig	gefügig	wendig	willfährig
4.	fraglich	fragwürdig	verdächtig	zweifelhaft
5.	leidlich	erträglich	passabel	passend
6.	namhaft	bekannt	berühmt	bewußt
7.	nützlich	erträglich	lohnend	dankbar
8.	zuverlässig	nötig	geboten	unerläßlich
9.	mühelos	leicht	einfach	lebhaft
10.	hinlänglich	ausreichend	genug	geneigt
11.	geringfügig	unbedeutend	wertlos	lächerlich
12.	ergeben	ereignen	begeben	zutragen

131

Wortgebundenes Denken

Unter den vier Begriffen einer jeden Zeile befindet sich je ein Außenseiter. Ihn gilt es zu erkennen und anzustreichen.

	a)	b)	c)	d)
1.	fordern	heischen	verlangen	erhalten
2.	zahm	verträglich	zart	friedlich
3.	aussagen	walten	gebieten	befehlen
4.	gefährlich	abenteuerlich	riskant	bedrohlich
5.	hart	roh	tapfer	gefühllos
6.	übertreiben	betonen	hervorheben	unterstreichen
7.	eitel	aufgeblasen	hochmütig	übermütig
8.	weinen	jammern	verzagen	heulen
9.	mahnen	anhalten	erinnern	erkundigen
10.	verrechnen	vergessen	irren	täuschen
11.	schwach	schmal	schlank	rank
12.	seltsam	sonderbar	unwichtig	eigenartig
13.	trostlos	zerstört	öd	trist
14.	krank	steif	starr	leblos
15.	ewig	endlos	zeitlos	langsam
16.	angesehen	ehrlich	namhaft	geachtet
17.	anleiten	beraten	aufnehmen	belehren
18.	übertrieben	überheblich	anmaßend	vermessen
19.	aufführen	behalten	benehmen	verhalten

132

Konzentration und Tempomotivation

Die Rechenzeichen sind hier anders ausgelegt. Nämlich so:
: bedeutet addieren
x bedeutet subtrahieren
− bedeutet dividieren
+ bedeutet multiplizieren
Richtzeit 2 Minuten

4 : 4 =	18 − 3 =	12 x 3 =	60 : 6 =
9 − 3 =	9 + 2 =	8 − 4 =	4 x 3 =
10 x 2 =	18 : 3 =	28 : 7 =	6 − 3 =
5 + 5 =	5 + 1 =	3 + 3 =	1 + 1 =
8 + 2 =	12 − 4 =	16 x 2 =	20 : 5 =
6 : 2 =	24 : 8 =	8 + 4 =	9 x 2 =
4 + 3 =	7 + 3 =	7 x 4 =	9 + 1 =
8 x 3 =	9 x 4 =	21 : 3 =	90 : 3 =
9 : 3 =	7 + 2 =	8 − 4 =	6 + 6 =
8 + 8 =	12 : 2 =	2 + 2 =	5 x 2 =

133

Analogien

Das erste Wortpaar steht in einem bestimmten Verhältnis zueinander. Entscheiden Sie, welches der Wortpaare a)—e) in einem entsprechenden Verhältnis steht. (→ Aufgabe 14)

1. Reifen : Luftdruck

a) Verstand : Mensch
b) Felge : Speichen
c) Temperament : Beherrschung
d) Ballon : Ballast
e) Sessel : Lehne

2. Kasse : Geld

a) Konto : Saldo
b) Bücher : Bücherei
c) Kochtopf : Suppe
d) Nagel : Kopf
e) Bank : Wertpapiere

3. Buch : Autor

a) Zeitung : Drucker
b) Richter : Urteil
c) Zeitung : Redakteur
d) Oper : Komponist
e) Orchester : Dirigent

4. Brief : Postkarte

a) Paket : Päckchen
b) Wintermantel : Sommermantel
c) Limousine : Motorrad
d) Kiste : Tüte

5. Thermometer : Fieber

a) Kontoauszug : Vermögen
b) Barometer : Luftdruck
c) EKG : Herzfehlfunktion
d) Feuchtigkeit : Hygrometer
e) Börse : Konjunktur

6. Pinsel : Farbe

a) Stimmbänder : Klang
b) Bleistift : Mine
c) Dirigent : Orchester
d) Hand : Kreide
e) Besteck : Speise

7. Geige : Bogen

a) Klavier : Saiten
b) Maske : Narr
c) Luft : Flöte
d) Auto : Benzin
e) Xylophon : Hammer

8. Regen : Regenschirm

a) Herbst : Laub
b) Schnee : Ski
c) Sonne : Sonnenbrille
d) Bomben : Bunker
e) Blitz : Blitzableiter

134

Logisch-analytisches Denken

1. Sigrid besuchte letztes Jahr ihren Schwager.
2. Sigrids Tochter besucht nächstes Jahr ihren Onkel.
3. Hanna arbeitet bei der Firma A.
4. Die Firma B stellt Schalter her.
5. Die Firma B beschäftigt keine Frauen.

Sind die folgenden Schlußfolgerungen
wahr (w), falsch (f) oder unbestimmt (u)?

a) Sigrid arbeitet nicht bei der Firma B.
b) Sigrids Sohn stellt Schalter her.
c) Sigrid prüft Schalter.
d) Sigrid ist verheiratet.
e) Sigrid hat einen Bruder.
f) Die Firma A beschäftigt Männer und Frauen.

135

Logisch-analytisches Denken

Wir haben fünf Hüte, drei weiße und zwei schwarze. Drei dieser Hüte werden drei Herren aufgesetzt, die hintereinander stehen und weder die Farbe ihres Hutes noch die der beiden ungenutzten Hüte kennen. Der hinterste Herr sieht nur seine beiden Vordermänner, der mittlere Herr nur seinen Vordermann. Weder der hinterste noch der mittlere Herr können die Frage nach der Farbe ihres Hutes beantworten. Welche Farbe hat der Hut des vordersten Herrn?

136

Logisch-analytisches Denken

Wir belauschen drei Passagiere und entnehmen folgendes aus ihrer Unterhaltung:

1. Sie heißen Arnold, Bitzer und Cerny.
2. Ihre Berufe sind Pilot, Co-Pilot und Funker.
3. Der Co-Pilot ist älter als Herr Bitzer.
4. Herr Cerny und der Funker stammen aus Stuttgart.
5. Der dritte Passagier stammt aus Heidelberg.
6. Der Pilot ist jünger als Herr Cerny.
7. Herr Arnold und der Pilot sollen ein Flugzeug abholen.

Wie heißen der Co-Pilot und der Funker?

137

Konzentriertes Lesen

Setzen Sie bitte die folgenden Teilsätze so zusammen, daß sich drei sinnvolle Sätze ergeben.

verwandt werden könnte. – zu fernen Ländern, – Die OEEC und die Europäische – Produktivität stimulieren. – Jede kooperative Unternehmung – haben einen ständigen – Zahlungsunion – von langer Dauer, – kostet Geld, – dadurch liberalisieren, – im eigenen Lande – Sie sollten erstens den Handel – und sie sollten schließlich – Diese Verbindungen – das sonst von – und zweitens das Zahlungswesen – viele von ihnen – jeder beteiligten Nation – haben drei Hauptaufgaben gehabt: – eine allgemeine Steigerung der – Einfluß auf die – daß sie Krediterleichterungen boten; – Zivilisation der Mutterländer ausgeübt.

138

Konzentriertes Lesen

Setzen Sie bitte die folgenden Teilsätze so zusammen, daß sich drei sinnvolle Sätze ergeben.

eingenommen haben — im supra-nationalen Sinne — machte die Menschen für — Eine solche Gemeinschaft wäre eher — Problemen der — Zusammenschlüssen gehöre — Um zu begreifen, was — das den europäischen Fragen in — Nur das Versagen — einer Realisierung der — nicht zutage trat — des Völkerbundes und — ist es notwendig — weltumspannend als nur — die Ära der — mit sich brachte, daß — die Charakteristiken — Nationalstaaten ein Ende — Hoffnung auf eine europäische Integration — europäisch gewesen — wenn auch — Nationen gegenüber den — der Vorstellung der — politischen Organisation — endgültige Zerstörung des — im Wege gestanden hat — gefunden habe und daß — meisten Menschen zukam, es — untersuchen und zu — das überwältigende Übergewicht — die damit verknüpfte — der europäischen Nationen zu — hier ein deutlicher Vorsprung — europäischen Gleichgewichts — prüfen, welche Haltung diese — den Gedanken empfänglich, daß — die Zukunft größeren

139

Logisch-analytisches Denken

Welche der fünf Versionen a)—e) ergänzt den jeweiligen Satz in allgemeingültiger Weise?

Oft sind auch mehrere Möglichkeiten denkbar; gelegentlich jedoch ist keine eindeutige Ergänzung aufgeführt.

1. Je schwieriger die Aufgabe, desto

a) mehr Konzentration ist notwendig.
b) weniger Lösungsmöglichkeiten gibt es.
c) höher die Beanspruchung.
d) reizvoller ist sie.
e) weniger können sie lösen.

2. Je stärker die Automatisierung, desto

a) schlechter die Qualität.
b) geringer die Personalkosten.
c) größer das notwendige Kapital.
d) größer die Gewinne.
e) größer der Absatz.

3. Je schlechter die Wirtschaftslage, desto

a) höher die Lohnforderungen.
b) niedriger das Volkseinkommen.
c) unzufriedener die Bevölkerung
d) geringer der Absatz an Luxusgütern.
e) größer die Streikgefahr.

4. Je niedriger die Verwaltungskosten, desto

a) schlechter die Kundenbetreuung.
b) niedriger die Gehälter.
c) besser die Organisation.
d) schlechter die Organisation.
e) niedriger die Preise.

140

Anschauungsgebundenes Denken

Bitte entscheiden Sie bei der folgenden Aufgabe, welche der mit a) – f) bezeichneten Würfel durch Faltung der daneben gezeigten Figur entstanden sein können.

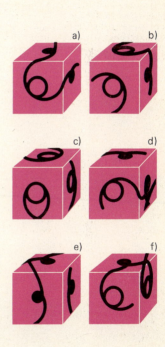

141

Anschauungsgebundenes Denken

Bitte füllen Sie auf Grund der vier Würfelbilder die daneben stehende Figur entsprechend aus.

142

Logisch-analytisches Denken

In das rechte Feld in der dritten Reihe ist entsprechend dem Prinzip der oberen zwei Reihen die Figur einzusetzen, die sich aus den ersten beiden ergibt.
(→Aufgabe 24)

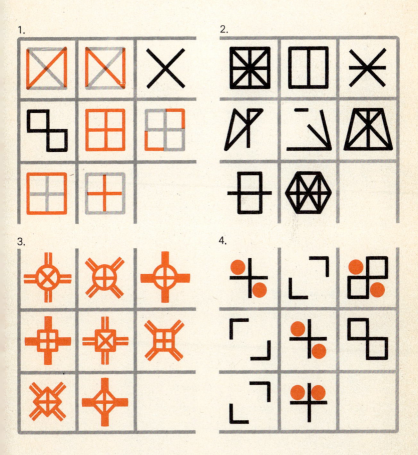

143

Logisch-analytisches Denken

Fünf Schüler besuchen fünf verschiedene Schulen, die in einem Schulzentrum nebeneinander liegen. Die Schüler sind verschieden alt, jeder hat ein besonderes Lieblingsfach, ein besonderes Hobby und bevorzugt eine besondere Lektüre. Einer allerdings liest nicht gern. Schließlich stammt jeder aus einem anderen Teil Deutschlands.

Diese Fragen sind zu beantworten:
1. Welcher Schüler liest gern Dramen?
2. Wessen Lieblingsfach ist Musik?

Folgende Aussagen können gemacht werden:

1. Der 16jährige wandert gerne.
2. Der 18jährige bevorzugt Französisch.
3. Der Schwimmer liest nicht gerne.
4. Der 12jährige bevorzugt Gedichte.
5. Der Tennisspieler besucht die Technikerschule, die links neben der Aufbauschule liegt.
6. Das Lieblingsfach des bayrischen Schülers ist Englisch.
7. Der Berliner ist ein Bastler.
8. Der 17jährige besucht die ganz links gelegene Mittelschule.
9. Der Krimileser besucht die Handelsschule, welche in der Mitte liegt.
10. Das Lieblingsfach des Gymnasiasten ist Latein.
11. Der Schwabe besucht die Schule, die neben der des Schülers liegt, welcher Mathematik zum Lieblingsfach hat.
12. Der Hamburger liest gerne Reisebeschreibungen.
13. Der Schüler, dessen Eltern aus Schlesien stammen, ist 19 Jahre alt.
14. Die Schule, die der Briefmarkensammler besucht, liegt neben der des 17jährigen.
15. Der aus Bayern stammende Schüler besucht die Schule neben dem Gymnasium.
16. Die Schule des Berliners befindet sich neben der des Lateiners.

144

Logisch-analytisches Denken

Welchem Zweck dienen die angegebenen Mittel?

Mittel	Zweck a)	b)	c)
1. Haus	Gebäude	Unterkunft	Stadt
2. Regen	Wachstum	Niederschlag	Gewitter
3. Arznei	Krankheit	Heilung	Arzt

4. Sprache	Zunge	Verständigung	Nachricht
5. Mantel	Schutz	Kleidung	Stoff
6. Auto	Beförderung	Fahrzeug	Geschwindigkeit
7. Hand	Körperteil	greifen	Finger
8. Waschen	Wasser	Tätigkeit	Sauberkeit
9. Hitze	schmelzen	Sonnenschein	Kühlung
10. Stoßdämpfer	Straße	Schlagloch	Federung

145

Logisch-analytisches Denken

Ihre Aufgabe ist es, zuerst den Zusammenhang zwischen Zeichen- und Buchstabenkombinationen zu entdecken. Danach wird Ihnen die Lösung der Aufgabe nicht schwer fallen. (→Aufgabe 87)

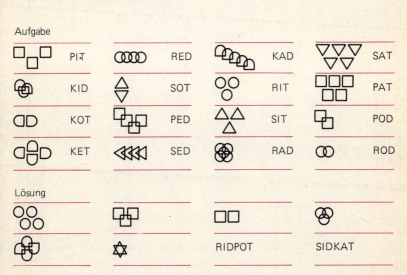

146

Konzentration und Tempomotivation

Wie groß ist die Summe der geraden Zahlen in den direkt mit ━━━ verbundenen Kreisen? a) _____
Wie groß ist die Summe der ungeraden Zahlen in den direkt mit ━·━·━ verbundenen Quadraten? b) _____
Wie groß ist die Summe der geraden Zahlen in den direkt mit ━ ━ ━ verbundenen Rauten? c) _____
Bitte zählen Sie in jeder Aufgabe jede Zahl nur einmal.
Richtzeit 1,5 Minuten

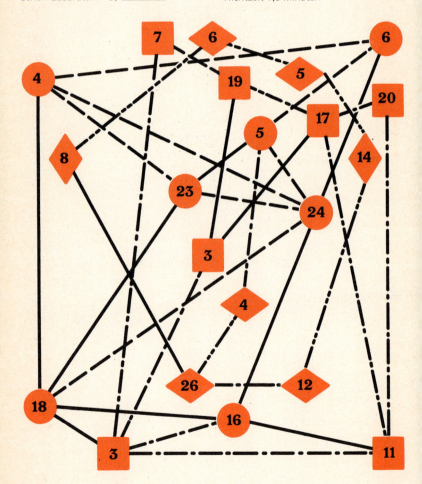

147

Konzentriertes Lesen

Jede Reihe ist einmal zu lesen. Dabei sollen Sie herausfinden, welches der mit a) und b) gekennzeichneten Wörter in einer Beziehung zu dem unterstrichenen Wort steht. (→ Aufgabe 12)

1. <u>Hammer</u>   Nagel a)   Schraube b)
2. fliegen a)   <u>Affe</u>   klettern b)
3. <u>oben</u>   Dach a)   Keller b)
4. Gemüse a)   Obst b)   <u>Apfel</u>
5. Heft a)   <u>Kreide</u>   Tafel b)
6. <u>Rose</u>   Wald a)   Garten b)
7. <u>Kuchen</u>   schmackhaft a)   bunt b)
8. süß a)   <u>Blume</u>   duftend b)
9. Märchen a)   Zeitung b)   <u>Fee</u>
10. <u>Herd</u>   kochen a)   essen b)

148

Logisch-analytisches Denken

Hier sind Zeichen bestimmten Buchstabenkombinationen zugeordnet. Wenn Sie dieses Prinzip erkennen, finden Sie sicher die Lösung. (→Aufgabe 87)

Aufgabe

Lösung

Wer denkt schon gern . . .

... an schlechte Zeiten! Und doch bleibt es keinem erspart, der nichts erspart hat. Denn optimales Denken allein macht aus minimalem Einkommen kein optimales Auskommen.

Wie wär's damit (Lösung analog Aufgabe 7):

Flaschen – . . . . – Haus
Frei –   . . . . – Wechsel

Wer hat, was dabei herauskommt, dem kommen genügend Zinsen herein.

Pfandbrief und Kommunalobligation

Meistgekaufte deutsche Wertpapiere - hoher Zinsertrag - schon ab 100 DM bei allen Banken und Sparkassen

Verbriefte  Sicherheit

Lösungen

1
14 ▬ 13 ● 13 ▬ 33 ●

2 1. Familienangehörige 2. Laubbäume 3. Nadelbäume 4. Möbelstücke 5. Wintersportgeräte 6. alkoholfreie Getränke 7. Flüssigkeiten 8. Getreidearten 9. Schreibzeug 10. Märchengestalten

3
$$4 \quad \overset{+4}{9} \quad 8 \quad \overset{+4}{8} \quad 12 \quad \overset{+4}{7} \quad 16 \quad \overset{+4}{\mathbf{6}} \quad \mathbf{20} \quad 5$$
(mit −1 unter den zweiten Zahlen)

1. 2 $\overset{+2}{4}$ $\overset{+2}{6}$ $\overset{+2}{8}$ **10** **12** **14**
2. 14 $\overset{-2}{12}$ $\overset{-2}{10}$ $\overset{-2}{8}$ **6** **4** **2**
3. 3 $\overset{+1}{4}$ $\overset{+2}{6}$ $\overset{+1}{7}$ $\overset{+2}{9}$ **10** **12** **13**
4. 4 $\overset{+2}{6}$ $\overset{-1}{5}$ $\overset{+2}{7}$ $\overset{-1}{6}$ **8** **7** **9**
5. 2 $\overset{+2}{4}$ $\overset{+2}{6}$ $\overset{-1}{5}$ $\overset{+2}{7}$ $\overset{+2}{9}$ $\overset{-1}{8}$ **10** **12** **11**
6. 1 $\overset{+1}{2}$ $\overset{+2}{4}$ $\overset{+3}{7}$ $\overset{+4}{\mathbf{11}}$ $\overset{+5}{\mathbf{16}}$ $\overset{+6}{\mathbf{22}}$
7. 1 $\overset{-1}{1}$ $\overset{-2}{2}$ $\overset{-2}{2}$ $\overset{-2}{4}$ $\overset{-1}{4}$ **8** **8** **16**

4 a) 43 b) 28

5 ★★★
Dieses Zeichen erscheint immer dann, wenn eine Lösung nicht notwendig ist.

6 DH, FK, GL

7 1. Nadel 2. Lauf 3. Bar 4. Gast 5. Kraft 6. Frei 7. Zeichen 8. Reiter 9. Haus 10. Staffel

8 1. ABCQB 2. MFOJS 3. KEJSP 4. NRPMR 5. HKTSQ

9 1b, 1c, 1d, 2a, 2c, 2d

10 1c, 2d, 3b, 4a

11 a, c

12 1a, 2a, 3b, 4a, 5a, 6a, 7a, 8b, 9a, 10b, 11a, 12b, 13a, 14a, 15b, 16a, 17a, 18a

13

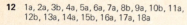

14 1a, 2c, 3b, 4a, 5b, 6a, 7b, 8c, 9b, 10a, 11a, 12c

15

1. 2 4 ⁺²3 6 ⁻¹5 10 ⁻¹**9** ⁺²**18** ⁻¹**17**

2. 7 ⁻⁴3 ⁺⁶9 ⁻⁴5 ⁺⁶11 ⁻⁴7 ⁺⁶13 ⁻⁴**9** ⁺⁶**15** ⁻⁴**11**

3. 2 1 ⁺¹3 2 ⁺¹4 3 ⁺¹5 4 ⁺¹6 **5** ⁺¹**7** **6**
   ⁺¹ ⁺¹ ⁺¹ ⁺¹ ⁺¹

4. 1 2 ⁺¹2 4 ⁺¹3 6 ⁺¹4 8 ⁺¹**5** **10** **6**
   ⁺² ⁺² ⁺² ⁺²

5. 4 8 ⁺⁸12 7 ⁺⁷19 6 ⁺⁶25 5 ⁺⁵**30** **4** ⁺⁴**34**
   ⁻¹ ⁻¹ ⁻¹ ⁻¹

6. 1 ⁺⁴4 ⁻⁴0 ⁻⁴0 ⁻⁴-4 ⁻⁴-16 ⁻⁴-20 **-80** ⁻⁴**-84** ⁻⁴**-336**

7. 3 ⁺⁵15 ⁻⁵10 ⁺⁵50 ⁻⁵45 ⁺⁵**225** ⁻⁵**220** ⁺⁵**1100**

8. 9 ⁻¹2 ⁺³8 ⁻¹5 ⁺³7 ⁻¹8 ⁺³6 ⁻¹11 ⁺³**5** ⁻¹**14** **4**

16 1. Mann 2. Kasten 3. Richt 4. Titel 5. Krampf 6. Fenster 7. Messer 8. Stil 9. Druck 10. Haus

17 1. Werkzeug 2. Kleidungsstücke 3. Wochentage 4. Jahreszeiten 5. Tageszeiten 6. alkoholische Getränke 7. Gartengeräte 8. weibliche Vornamen 9. Kopfbedeckungen 10. Südfrüchte

18 Aufgaben–Lücken–Strich–Wort–richtige Wort–liest–Konzentriertes Lesen–vom Gelesenen–Lesen–meisten–verwendet werden–Lesen

Lernen, was bedeutet das?
kleines–zur Welt–die ersten Schritte–laufen–Laufens–auf die Welt–Technik–Lebens–verbessert–zu überspringen–Laufen–gelernt werden muß–zum großen–erlernt werden–angeboren–schwimmen–fliegen–klettern–laufen–Menschen–ist auch ihm–den Weg gegeben–erst erlernen–Lernen–Erwerben–Verhaltensweisen

19 A, B, E, F, H, I

20 1. IL, FK, AR 2. AR, MQ, KP 3. IS, PD, RK 4. JO, FK, PD 5. TC, CD, JT 6. CD, PF, SN Weitere Lösungen möglich.

21 1a, 1b, 1d, 2b, 2c, 2d

22 1d, 2d, 3b, 4c, 5c, 6b, 7a, 8b

23 1d, 1e, 2a, 2b, 2c, 2d, 2e

24 1. A 2. E 3. O 4. 5

25 16 ■ 13 ● 17 ⬭ 28 ■ 19 ● 34 ◆

26 1. Zug 2. Abend 3. Regen 4. Wasser 5. Zimmer 6. Haus 7. Kern 8. Nieder 9. Opern 10. Kirchen 11. Kraft 12. Tier

27 1. Haut 2. Sprache 3. Freude 4. Stengel 5. Oase 6. Mehl 7. Wolle 8. Hagel 9. Wüste 10. Pfeil

28

1. 0 ⁺¹1 ⁺²3 ⁺³6 ⁺¹7 ⁺²9 ⁺³12 ⁺¹13 ⁺²**15** ⁺³**18** ⁺¹**19**

2. 1 2 ⁺²3 4 ⁻³9 8 ⁺²27 16 ⁻³**81** ⁺²**32** ⁻³**243**

3. 0 ⁺⁴4 ⁺⁴8 ⁻²4 ⁺⁴8 ⁺⁴12 ⁻²6 ⁺⁴10 ⁻²**14** ⁺⁴**7** **11**

4. 1 ⁺²2 = 3   3 ⁺²6 = 9   9 ⁺²**18** = **27**   **27**

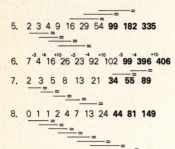

29 1. Europäische Hauptstädte 2. Blechblasinstrumente 3. Zupfinstrumente 4. Meßgeräte 5. unbestimmte Zahlwörter 6. menschliche Behausungen 7. Ansiedlungen 8. Verwandschaftsgrade

30 1a, 2b, 3b, 4b, 5a, 6b, 7a, 8b

31 Atlantik—Nordsee—europäische—angrenzenden Staaten—Wintermonate—Stürme—Wolkenfetzen—aufgewühlte See—Brandung—Küsten—überschwemmt—Mensch—Tier—Opfer—Schiffe—Meeresgrund—Seeleute—Hilfe zu spät kam—Nutzen—Meer—Menschen—Verkehrswege—Mengen von Gütern—aller Art—Häfen—Golfstromes—frei von Eis—Atlantischen Ozeans—Breite—Norwegen—Ärmelkanal—Weltmeer—Salzgehaltes—Fischen—Tisch—wachsenden Bevölkerung

32 ★★★

33 1. QRK, IVO, HCH 2. AWO, JSF, CAK 3. HQM, BUO, ONN 4. ECH, IDK, FIN 5. FIN, LMA, JST

34 1b, 1c, 1d, 2a, 2b, 2c

35 1c, 2a, 3b, 4b, 5a, 6d, 7c

36 1a, 2a, 2b, 2e

37

39 1. Zwei Diener hinüber 2. ein Diener zurück 3. zwei Diener hinüber 4. ein Diener zurück 5. zwei Kaufleute hinüber 6. Kaufmann und Diener zurück 7. zwei Kaufleute hinüber 8. Diener zurück; er holt in zwei Fahrten seine Kollegen nach.

40 Es ist nur ein Griff erforderlich.

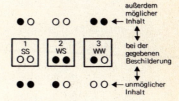

Dieser Griff muß in den mit W–S beschilderten Karton erfolgen. In ihm können sich nur zwei weiße oder zwei schwarze Kugeln befinden. Erbringt der erste Griff eine schwarze Kugel, dann muß die andere ebenfalls schwarz sein. (Entsprechend bei einer weißen Kugel!) Im Karton 3 können dann nur noch eine schwarze und eine weiße Kugel, und im Karton 1 nur noch zwei weiße Kugeln enthalten sein.

41 Der Fahrer heißt Burger. Herr Kurz ist Schaffner.

42 1a, 2d, 3a, 4c

43

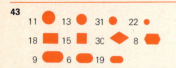

44
1. 0 1 2 2 2 3 2 2 4 **5 2 2** (with +1 marks)
2. 2 2 4 2 2 6 6 2 2 18 4 **18 2 54** (with ·1, ·3 above and +2, −4, +2, −2 below)
3. 1 1 2 2 4 6 7 15 11 **31 16 56** (with +(1·1), +(2·2), +(3·3), +(4·4), +(5·5) above and +1, +2, +3, +4, +5 below)
4. 1 2 4 3 5 6 8 7 **9 10 12** (with ↔ marks)
5. 1 2 3 1 4 5 1 1 6 7 **1 1 8**
6. 1 3 5 1 1 7 9 **1 1 11** (with +2 marks)
7. 8 16 18 14 28 31 26 52 56 50 **100 105 98** (with ·2, +2, −4, +2, +3, −5, ·2, +4, −6, ·2, +5, −7)
8. 3 4=7 9=16 19=35 **39=74 79** (with +1, +2, +3, +4, +5 above and +, +, +, +, + below)

45 1. Körperteile 2. Metalle 3. Kraftfahrzeuge 4. Wasserfahrzeuge 5. Energiestoffe 6. Unterrichtsfächer 7. Baustoffe 8. Niederschläge 9. Verkehrswege 10. Bodenerhebungen

46 1a, 2b, 3b, 4b, 5b, 6a, 7b, 8a

47 Mensch–Lebewesen–höchsten–erreicht–Gehirn–ihm ermöglicht–Ausstattung–Menschen–Privileg–Verpflichtung–geistige Fähigkeiten–maximalen–Ziel–erreicht–Mensch–an der Grenze seiner–angekommen–wenigsten–systematisch–menschlichen Gehirns–Fähigkeiten des menschlichen Gehirns–Probleme–nicht–Masse der Menschen–geistigen Fähigkeiten–menschlichen Gehirns–Meisterleistungen–Wissenschaft–Dinge–ahnen–des menschlichen Gehirns–vollbracht–Gehirn–Aufbau–nie nachgebaut–geistige Leistung–Werke–Arbeiten–Gehirn–perfekteste Leistung
Diese Lösungsworte sind nicht unbedingt bindend. Es ist auch richtig, wenn sie durch sinnverwandte ersetzt sind.

48 ★★★

49 1. PTC, EKP, PTH 2. HAR, NMQ, LAR 3. JFN, HQO, NMQ 4. RKP, BRK, QFK 5. MQO, PTC, BRN Weitere Lösungen möglich.

50 1a, 1b, 1c, 2a, 2b, 2c

51 1c, 2a, 3c, 4a, 5d, 6a

52 1a, 1d, 1e, 2c, 2d

53

54

```
                    Tiere
                   /     \
            Vierbeiner   Vögel
            /      \     /     \
     außer-   euro-  außer-    euro-
     europ.   päische europ.   päische
     Tiere    Tiere   Tiere    Tiere
     
     Löwe     Kuh    Papagei   Amsel
     Elefant  Hase   Flamingo  Meise
     Nashorn  Hund   Kondor    Lerche
```

55
1. Leidenschaft, Glut, Inbrunst, Feuer
2. Chauffeur, Lenker, Kutscher, Führer
3. Ausschuß, Ramsch, Plunder, Ladenhüter
4. Flagge, Banner, Standarte, Wimpel
5. Geschick, Los, Fügung, Vorsehung
6. Wunsch, Anliegen, Ansuchen, Ersuchen
7. Antlitz, Angesicht, Fratze, Physiognomie
8. nachahmen, nachäffen, kopieren, imitieren
9. Botschaft, Mitteilung, Meldung, Kunde
10. schlampig, flüchtig, oberflächlich, schludrig
11. gefallen lassen, einstecken, schlucken, bieten lassen
12. Lohn, Sold, Heuer, Gage

13. Gedanke, Idee, Erleuchtung, Eingebung
14. Kittchen, Knast, Strafanstalt, Bau
15. aufs Dach steigen, den Marsch blasen, eine Standpauke halten, Leviten lesen

56 1c, 2c, 3a, 4b, 5d, 6a, 7b, 8a, 9b, 10c, 11d, 12b, 13d, 14b, 15b, 16a, 17b, 18d, 19b, 20d

57 Hans ist der Klassenbeste. Karl trinkt Limo.

58
1. $\underset{+2}{2}\ \underset{+2}{\overset{\cdot 2,5}{5}}\ 4\ \underset{+2}{\overset{\cdot 2,5}{10}}\ 6\ \underset{+2}{\overset{\cdot 2,5}{15}}\ \mathbf{8}\ \underset{+2}{\overset{\cdot 2,5}{\mathbf{20}}}\ \mathbf{10}$

2. $\overset{+7}{1}\ \overset{-2}{8}\ \overset{+1}{4}\ \overset{+7}{5}\ \overset{-2}{12}\ \overset{+1}{6}\ \overset{+7}{7}\ \overset{-2}{14}\ \overset{+1}{\mathbf{7}}\ \overset{+7}{\mathbf{8}}\ \mathbf{15}$

3. $\overset{1^{2}+7}{1}\ \overset{\cdot 4}{8}\ 32\ \overset{2^{2}+7}{\mathbf{4}}\ \overset{\cdot 4}{11}\ 44\ \overset{3^{2}+7}{\mathbf{9}}\ \overset{\cdot 4}{16}\ \mathbf{64}$
   $\overset{4^{2}+7}{\mathbf{16}}\ \mathbf{23}$

4. $\overline{\underset{\cdot 2}{7\ \ 2} = 14}\ \overline{\underset{\cdot 2}{13\ \ 4} = 52}\ \overline{\underset{\cdot 2}{19\ \ 8} = 152}$
   $\overline{\underset{\cdot 2}{25\ \ 16} = \mathbf{400}}\ \mathbf{31\ \ 32}$

5. $6\ \underset{\cdot 4}{\overset{\div 2}{2}}\ 3\ \underset{\div 2}{\overset{\cdot 4}{8}}\ 12\ \underset{\cdot 4}{\overset{\div 2}{4}}\ 6\ \underset{\div 2}{\overset{\cdot 4}{16}}\ \mathbf{24}\ \mathbf{8}\ \mathbf{12}$

6. $3\ \underset{+7}{6}\ \overset{\div 6}{12}\ 21\ \underset{\div 3}{36}\ \overset{\cdot 4}{60}\ \mathbf{84}\ \mathbf{108}\ \mathbf{120}$

7. $1\ \underset{\cdot 5}{\overset{\cdot 2}{2}}\ 5\ \underset{\cdot 4}{\overset{\cdot 3}{4}}\ 20\ \underset{\cdot 3}{\overset{\cdot 4}{12}}\ 60\ \underset{\cdot 2}{\overset{\cdot 5}{48}}\ \mathbf{120}$
   $\underset{\div 1}{\mathbf{240}}\ \mathbf{120}$

8. $7\ \underset{-15}{\overset{+27}{34}}\ 19\ \underset{-19}{\overset{+25}{44}}\ 25\ \underset{-23}{\overset{+23}{48}}\ 25\ \underset{-27}{\overset{+21}{46}}$
   $\underset{-31}{\overset{+19}{\mathbf{19}}}\ \mathbf{38}\ \mathbf{7}$

59 1c, 2a, 3b, 4c, 5b, 6a, 7c, 8a, 9c, 10c, 11a

60 1. Druckerzeugnisse 2. innere Organe 3. Sinnesorgane 4. Himmelskörper 5. Behälter 6. Gemeinschaften 7. Edelmetalle 8. Rotwild 9. Blasinstrumente 10. Grundrechnungsarten

61 1a, 2b, 3a, 4b, 5a, 6b, 7a, 8a, 9b, 10b

62 ★★★

63 1. TECA, NXAK, NDWO 2. RKPT, XAKE, PFIN 3. IDWO, VOXA, VOXH 4. XHQM, KESF, AKPT 5. JCAW, LUOX, JCHQ
Weitere Lösungen möglich.

64 ★★★

65 1. tief 2. Tochter 3. essen 4. Fuß 5. Wärme 6. Flugzeug 7. fliegen–Fisch 8. sehen–hören 9. Bach 10. süß–Pfeffer

66 1. Mutter 2. Wasser 3. Wetter 4. Wasser 5. Wald 6. Rausch 7. Netz 8. Tal 9. Tee 10. Berg

67 1d, 2a, 3b, 4c, 5b, 6d, 7c (Bei 7c ist Faltung zu einem Würfel möglich)

68 1a, 1e, 2a, 2b, 2c

69
1. 2. 3. 4.

70
```
        Sportarten
   ┌──────┬──────┬──────┐
Hochsprung Kugelstoßen Tennis Fußball
Weitsprung Speerwerfen Boxen  Handball
Hürdenlauf Diskuswerfen Ringen Hockey
```

71 1. Ober 2. Kassen 3. Streit 4. Strick 5. Streif 6. Stock 7. weiß 8. Gleich 9. Muster 10. Mutter

72 1a, 2c, 3b, 4a, 5d, 6b, 7d, 8b, 9b, 10c, 11d, 12a, 13b, 14b, 15d, 16d, 17a, 18b, 19b, 20a

73 5 ● 9 ■ 4 ⬭ 7 ◆

74 1. Durst—essen 2. Möbel 3. Schale—Baum 4. Schaf—Rudel 5. Ente—Rüssel 6. Musik—Wort 7. Freude—Niederlage 8. vergrössern—abnehmen 9. Fleiß—tadeln 10. höher—abwärts 11. vermehren—leeren 12. Hund—Nest
Hier sind auch andere Lösungen möglich

75 1. Blei 2. Berg 3. Flaschen 4. Baum 5. Mit 6. Oster 7. Fahnen 8. Ball 9. Schuld 10. Bank 11. Tau 12. Schein

76
1. 2 1 4 2 6 4 8 8 **10 16 12** (+2)
2. 7 4 1 9 6 3 11 8 **5 13 10** (-3, -3, +8)
3. 1 3 9 5 7 21 17 19 **57 53 55** (+2, +3, -4)
4. 1 6 2 10 4 16 8 24 **16 34 32** (-2 / +4,+6,+8,+10)
5. 12 8 20 16 40 36 90 86 **215 211 527,5** (-4, ·2,5)
6. 1 2 9 121 **16900** (+, =3^2, =11^2, 130^2)
7. 3+9=12 8 4+7=11 6 **5+5=10** (+1 / -2)
8. 3 9 7=10 30 28=38 **114 112=150** (·3, -2 / +)

77 1. Raubtiere 2. Dickhäuter 3. Zahlungsmittel 4. Gewässer 5. Fremdsprachen 6. Gotteshäuser 7. deutsche Flüsse 8. Verkehrsmittel 9. Schmuck 10. Lebewesen

78 1a, 2b, 3b, 4a, 5a, 6a, 7a, 8a, 9b, 10b

79 Erwachsenenbildung—schon einmal auf der Schulbank—froh—verlassen zu können—auf der Schulbank—Schüler—Erwachsenenbildung—Zulauf—Gründe—Erwachsene—zur Schule streben—Welt—Güter—Markt—neuartigen—erworbene Wissen nicht aus—veraltet—der Schule—Mitteln—wirklichkeitsgetreues—Schulbildung zu früh—finanziell—Studium zu bezahlen—jungen Jahren—gute Bildung—gründliche Ausbildung—Erwachsenenbildung—Versäumtes—Begründung—Erwachsenenbildung—jungen Menschen—vorhanden—für die Erwachsenenbildung—Menschen—Freizeit—zur Schule gehen—Anschluß—Anforderungen—Tätigkeit

80 1b, 1e, 2d, 2e, 3a, 3e, 4c, 5a, 5b, 5d, 6d, 6e
Absolut gültige Lösungen sind hier nicht möglich

81 A3, B4, C1, D2, E6, F5, G4, H3, I5

82 1b, 1c, 2a, 2b, 2c, 2e, 2f, 2g

83 1a, 1c, 2b, 2d, 2e

84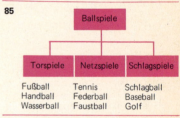

85

```
                    Ballspiele
           ┌────────────┼────────────┐
      Torspiele     Netzspiele   Schlagspiele
```

Torspiele	Netzspiele	Schlagspiele
Fußball	Tennis	Schlagball
Handball	Federball	Baseball
Wasserball	Faustball	Golf

86
1. Ansprache, Referat, Vortrag, Predigt
2. brüllen, kreischen, johlen, grölen
3. Glas, Kelch, Pokal, Humpen
4. schildern, berichten, darstellen, beschreiben
5. erschöpft, erledigt, fertig, erschlagen
6. erfahren, zu Ohren bekommen, gewahr werden, Wind davon bekommen
7. Vorkommnis, Vorfall, Begebenheit, Geschehnis
8. Ende, Abschluß, Finale, Ausklang
9. schick, elegant, fesch, flott
10. haften, einstehen, garantieren, die Hand ins Feuer legen
11. durchführen, machen, ausführen, vollziehen
12. bereinigen, ausbügeln, geradebiegen, zurechtdrücken

87 Ein Tip zur Lösung der Aufgabe. Stellen Sie die Zeichen systematisch zusammen, wie es hier gemacht ist.

● MAN	●● MIN	●●● MON
● MAT	●● MIT	●●● MOT
● MAL	●● MIL	●●● MOL
▲ BAN	▲▲ BIL	▲▲▲ BOT

Man erkennt jetzt den logischen Zusammenhang, der zwischen den Zeichen und den Buchstabenkombinationen besteht: Der Anfangsbuchstabe ist durch die Form gegeben: Kreis—M, Dreieck—B. Aus der Anzahl der Zeichen ergibt sich der zweite Buchstabe: Ein Zeichen—A, zwei Zeichen—I, drei Zeichen—O. Die Farbe führt zum dritten Buchstaben: Orange—N, grau—T, schwarz—L.
Lösung:

▲ BAT	▲ BAL
▲▲ BIT	▲▲▲ BON
▲▲▲ BOL	▲▲ BIN

88 1c, 2c, 3d, 4b, 5b, 6d, 7c, 8d, 9c, 10a, 11d, 12b, 13c, 14b, 15d, 16a, 17b, 18c, 19b, 20c

89 a) 58, b) 92

90 1c, 2b, 3b, 4a, 5a, 6b, 7c, 8b, 9a, 10a, 11b, 12c, 13b, 14b, 15b, 16a, 17b, 18a

91 1. Antwort erhalten 2. Vogel 3. Licht—Ohr 4. Jahr—Jugend 5. Buch—Glied 6. Zeit—Thermometer 7. subtrahieren—multiplizieren 8. Wasser—Straße 9. Ebbe—kommen 10. Berg—unten 11. Mitgefühl 12. Belohnung—Strafe 13. Lampe—Wärme 14. Staatsgebiet—Zaun

92 A4, B2, C8, D5, E3, F7, G6, H1

93 1a, 1b, 2a, 2c, 3a, 3b, 3e, 3f

94 Es gibt noch zwei Flächendrehachsen mit den Bezeichnungen 2—8—6—3/1—4—5—7 und 1—2—3—4/7—8—6—5. Die Ziffernverteilung des Würfels nach jeweils einer Vierteldrehung sehen Sie nachstehend.

95 Möglich sind noch drei Diagonaleckendrehachsen mit den Bezeichnungen 1—6, 8—4 und 7—3. Nach den Dritteldrehungen ergeben sich diese Würfelbilder:

96 Es gibt noch weitere fünf Diagonalkantendrehachsen. Ihre Bezeichnungen lauten: 3—6/1—7, 4—3/7—8, 1—2/5—6, 2—3/5—7, 4—1/6—8. Eine Halbdrehung um die in der Aufgabe genannte Drehachse führt zum hier gezeigten Würfelbild.

97
1. Drehachse 1—6, Dritteldrehung links
2. Drehachse 3—6—5—4/2—8—7—1, zwei Vierteldrehungen
3. Drehachse 1—4—5—7/2—3—6—8, zwei Vierteldrehungen
4. Drehachse 1—6, eine Dritteldrehung
5. Drehachse 4—5/2—8, eine Halbdrehung
6. Drehachse 1—2/5—6, eine Halbdrehung
7. Drehachse 5—2, eine Dritteldrehung links
8. Drehachse 1—2/5—6, eine Halbdrehung
9. Drehachse 4—5/2—8, eine Halbdrehung
10. Drehachse 1—2/5—6, eine Halbdrehung

98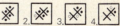

99

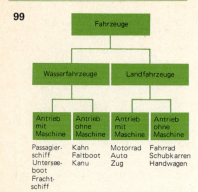

| Passagier-
schiff
Unterseeboot
Frachtschiff | Kahn
Faltboot
Kanu | Motorrad
Auto
Zug | Fahrrad
Schubkarren
Handwagen |

100 ★★★

101 Weiß—L—erster Buchstabe, orange—H, schwarz—D. Pfeil aufwärts—U—zweiter Buchstabe, Pfeil abwärts—I, Doppelpfeil —E. Zwei Pfeile—erster Buchstabe wird als dritter wiederholt.

102 1a, 2a, 3b, 4b, 5b, 6b, 7a, 8b

103 1c, 2d, 3a, 4b, 5b, 6c, 7b, 8c, 9b, 10c, 11a, 12b, 13b, 14b, 15d, 16c, 17c, 18a, 19d

104 ★★★

105 ★★★

106 1. Regen 2. Grammatik 3. Treppe 4. Gemälde—Randstein 5. Auge—Objektiv 6. Körper—Auto 7. Schlaf—Durst 8. Erfolg—Trauer 9. Blut—Geld 10. Auge—Hörrohr 11. Schloß—Lösung 12. Binnensee—Land
Hierzu sind auch andere Lösungen möglich.

107 1a, 2c, 3a, 4a, 5b, 6a, 7c, 8a, 9b, 10c

108 1b, 2d, 3b, 4b, 5c, 6b, 7d, 8c, 9b, 10a, 11b, 12a, 13b, 14c, 15a, 16b, 17c, 18d, 19b, 20d

109 1bG, 2Cf, 3jA (Paula Modersohn-Becker), 4Ja, 5Fd, 6cH, 7gB (Johann Wolfgang Goethe), 8hE (Epiktet), 9Ii (Somerset Maugham), 10De

110 1b, 1d, 2d, 3c, 4d, 5c, 6a, 6b

111 1b, 1c, 2a, 2b, 2c, 3b, 3c, 4a, 4b

112 1. Flächendrehachse 4—3—6—5/1—2—8—7 zwei Vierteldrehungen
2. Diagonalkantendrehachse 1—2/5—6, eine Halbdrehung

113 1. Diagonaleckendrehachse 1—6, zwei Dritteldrehungen
2. Diagonaleckendrehachse 3—7, eine Dritteldrehung

114 1a, 1c, 1d, 1f, 2a, 2b, 2c, 2f

115

116

angenehme	unangenehme	bejahende	verneinende
Freude Jubel Ruhe Behagen Zufriedenheit Zuversicht	Sorge Angst Hilflosigkeit Heimweh Ärger Verzweiflung	Liebe Vertrauen Mitleid Bewunderung Dankbarkeit Interesse	Haß Mißtrauen Verachtung Feindseligkeit Spott Entrüstung

117 1c, 2b, 3d, 4a, 5b, 6d, 7a, 8c, 9b, 10a, 11c, 12d, 13c, 14a, 15b, 16b, 17b, 18c, 19c, 20b

118 ★★★

119 1b, 2d, 3a, 4b, 5d, 6e, 7c, 8b

120 1c, 2a, 3b, 4a, 5b, 6a, 7c, 8a, 9c, 10a, 11a, 12c

121 1b, 2b, 3b, 4e

122 1eD, 2aA, 3Hb, 4Bc, 5dC, 6Ji, 7Ef, 8jF (Johann Wolfgang von Goethe), 9Gh (Friedrich Rückert), 10gI (Johann Heinrich Pestalozzi)

123 1d, 2c, 2d, 3d, 4a, 5b, 5e, 6d

124 a, b, c (nicht möglich, da 3 und 4 vertauscht), d (nicht möglich, 6 und 7 vertauscht), e

125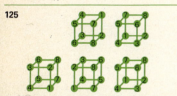

126 1b, 1c, 1f, 2a, 2f

127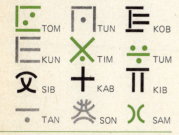

128 Der erste Buchstabe ergibt sich aus der Form der Zeichen: Gerade—K, Bogen—S, Gerade und Punkt—T.
Der zweite Buchstabe bezieht sich auf die Anzahl: 2—A, 3—I, 4—U, 5—O.
Die Farbe führt zum dritten Buchstaben: Violett—M, Raster—N, schwarz—B.

TOM TUN KOB
KUN TIM TUM
SIB KAB KIB
TAN SON SAM

129 Das Hobby des Arztes ist die Jagd.
Der Leichtathlet ist 43 Jahre alt.

130 1b, 2c, 3c, 4a, 5d, 6d, 7a, 8a, 9d, 10d, 11d, 12a

131 1d, 2c, 3a, 4b, 5c, 6a, 7d, 8c, 9d, 10b, 11a, 12c, 13b, 14a, 15d, 16b, 17c, 18a, 19b

132 ★★★

133 1b, 2c, 3c, 4c, 5c, 6e, 7e, 8c

134 a) w, b) u, c) u, d) u, e) u, f) u

135 Da der dritte Herr keine Aussage machen kann, sieht er vor sich eines der folgenden Bilder a—c.

a	b	c	d	
●	○	○	●	1. Herr
○	○	●	●	2. Herr
?	?	?	○	3. Herr

Der zweite Herr kann auch nichts über seine Hutfarbe sagen. Sähe er einen schwarzen Hut bei seinem Vordermann, müßte sein Hut weiß sein. Da dies nicht der Fall ist, muß der Vordermann einen weißen Hut tragen.

136 Der Pilot heißt Bitzer, der Co-Pilot Cerny und der Funker Arnold.

137 1. Diese Verbindungen zu fernen Ländern, viele von Ihnen von langer Dauer, haben einen ständigen Einfluß auf die Zivilisation der Mutterländer ausgeübt.
2. Die OEEC und die Europäische Zahlungsunion haben drei Hauptaufgaben gehabt: Sie sollten erstens den Handel und zweitens das Zahlungswesen dadurch liberalisieren, daß sie Krediterleichterungen boten; und sie sollten schließlich eine allgemeine Steigerung der Produktivität stimulieren.
3. Jede kooperative Unternehmung kostet Geld, das sonst von jeder beteiligten Nation im eigenen Lande verwandt werden könnte.

138 1. Um zu begreifen, was einer Realisierung der Hoffnung auf eine europäische Inte-

gration im supra-nationalen Sinne im Wege gestanden hat, ist es notwendig, die Charakteristiken der europäischen Nationen zu untersuchen und zu prüfen, welche Haltung diese Nationen gegenüber den Problemen der politischen Organisation eingenommen haben.
2. Nur das Versagen des Völkerbundes und die damit verknüpfte endgültige Zerstörung des europäischen Gleichgewichtes machte die Menschen für den Gedanken empfänglich, daß die Ära der Nationalstaaten ein Ende gefunden habe und daß die Zukunft größeren Zusammenschlüssen gehöre.
3. Eine solche Gemeinschaft wäre eher weltumspannend als nur europäisch gewesen — wenn auch das überwältigende Übergewicht, das den europäischen Fragen in der Vorstellung der meisten Menschen zukam, es mit sich brachte, daß hier ein deutlicher Vorsprung nicht zutage trat.

139 1a, 1c, 1e, 2b, 2c, 3b, 3c, 3d, 4c

140 a, b, c, d, e, f

141

142 1. ⊕ 2. ∞ 3. ✣ 4. ⌻

143 Der Berliner liest gerne Dramen. Der Schüler, dessen Eltern aus Schlesien stammen, liebt Musik.

144 1b, 2a, 3b, 4b, 5a, 6a, 7b, 8c, 9a, 10c

145 Die Form bestimmt den ersten Buchstaben:
□ – P, ○ – R, ⌂ – K, △ – S
Aus der Anzahl ergibt sich der zweite:
2–O, 3–I, 4–E, 5–A
Wenn sich die Zeichen überschneiden, ist der dritte Buchstabe ein D, andernfalls ein T.

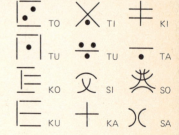

146 a) 52, b) 60, c) 70

147 1a, 2b, 3a, 4b, 5b, 6b, 7a, 8b, 9a, 10a

148 Der erste Buchstabe ergibt sich aus der Form: Gerade–K, Bogen–S, Gerade und Punkt–T.
Der zweite Buchstabe bezieht sich auf die Anzahl: 2–A, 3–I, 4–U, 5–O.
Der dritte Buchstabe ist willkürlich hinzugefügt.

Literatur

1) Bühler, Charlotte
   Psychologie im Leben unserer Zeit
   Zürich 1962

2) Dirks, Heinz
   Psychologie, eine moderne Seelenkunde
   Gütersloh 1960, 1965

3) Jäger, Adolf Otto
   Dimensionen der Intelligenz
   Göttingen 1967

4) Rohracher, Hubert
   Einführung in die Psychologie
   Wien und Innsbruck 1965

5) Schlüter, Johannes
   Begabung, Bildsamkeit, Leistung
   In: Handbuch der pädagogischen Grundbegriffe
   München 1969

Stufe

	1	2	3	4
Konzentration	6, 8	19, 20	32, 33	48, 49
Konzentration und Tempomotivation	1, 4, 5, 13		25	43
Konzentriertes Lesen	12	18	30, 31, 42	46, 47
Anschauungsgebundenes Denken	9, 11	21, 23	34, 36	50, 52
Wortgebundenes Denken	2, 7	16, 17	26, 29, 38	45, 54, 55
Zahlengebundenes Denken	3	15	28	44
Analogien		14	27	
Logisch-analytisches Denken	10	22, 24	35, 37, 39, 40, 41	51, 53

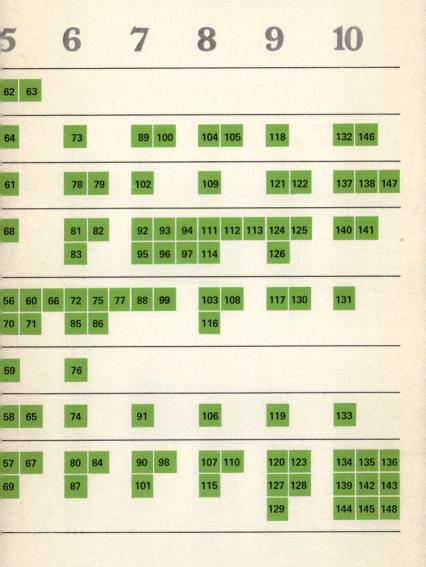

Frederic Vester zeigt Wege in das »Neuland des Denkens«

Vesters Bestseller »Denken, Lernen, Vergessen« und »Phänomen Streß« haben Teilbereiche behandelt.
Hier nun geht es um das Ganze, werden alle wichtigen Lebensbereiche abgeschritten.
In all diesen Bereichen bieten sich faszinierende Lösungen für die Zukunft an – wenn wir den Überlebensregeln der Natur folgen und aus der technokratischen Gegenwart aufbrechen in das neue, biokybernetische Zeitalter.
Der Autor bereitet mehrere Fernsehsendungen zum Buch vor.

Frederic Vester
Neuland des Denkens
Vom technokratischen zum kybernetischen Zeitalter
544 Seiten mit Strichzeichnungen
Gebunden mit Schutzumschlag

Deutsche Verlags-Anstalt

Lernprogramme

Maren Engelbrecht-Greve
Streßverhalten ändern lernen
Programm zum Abbau psychosomatischer Krankheitsrisiken (7193)

Wayne W. Dyer
Der wunde Punkt
Die Kunst, nicht unglücklich zu sein.
Zwölf Schritte zur Überwindung der seelischen Problemzonen (7384)

Thomas Gordon
Managerkonferenz
Effektives Führungstraining (7671)

G. Hennenhofer/K. D. Heil
Angst überwinden
Selbstbefreiung durch Verhaltenstraining (6939)

Rainer E. Kirsten/Joachim Müller-Schwarz
Gruppentraining
Ein Übungsbuch mit 59 Psycho-Spielen, Trainingsaufgaben und Tests (6943)

Walter F. Kugemann
Lerntechniken für Erwachsene
(7123)

Rupert Lay
Meditationstechniken für Manager
Methoden zur Persönlichkeitsentfaltung (7242)

Eine Auswahl

Ernst Ott
Optimales Lesen (6783)
Optimales Denken (6836)
Das Konzentrationsprogramm
Konzentrationsschwäche überwinden – Denkvermögen steigern (7099)
Intelligenz macht Schule
Denk-Beispiele zur Intelligenzförderung für 8- bis 14jährige (7155)

C 2177/1

Lernprogramme

Kurt Werner Peukert
Sprachspiele für Kinder
Programm für Sprachförderung in
Vorschule, Kindergarten, Grundschule und
Elternhaus (6919)

L. Schwäbisch/M. Siems
**Anleitung zum sozialen Lernen für
Paare, Gruppen und Erzieher**
Kommunikations- und Verhaltens-
training (6846)

Manuel D. Smith
Sage nein ohne Skrupel
Techniken zur Stärkung der
Selbstsicherheit (7262)

Friedemann Schulz v. Thun
Miteinander reden
Störungen und Klärungen. Psychologie
der zwischenmenschlichen
Kommunikation (7489)

F. Teegen/A. Grundmann/A. Röhrs
Sich ändern lernen
Anleitung zu Selbsterfahrung und
Verhaltensmodifikation (6931)

Christof Vieweg
Achtung Anfänger
Tips für Führerscheinbesitzer und solche,
die es werden wollen (7810)

Eine
Auswahl

Bernd Weidenmann
Diskussionstraining
Überzeugen statt überreden.
Argumentieren statt attackieren (6922)

C 2177/1 a